ママたちの本音とグループによる子育て支援

「子どもがカワイイと思えない」と言える場をつくる

相場幸子 著

tomi shobo
遠見書房

みみずくの樹　ファイバーアート　中村木美作／飾りつけ　みみずくスタッフ

はじめに

この本は（母子）相談室「みみずく」における二十数年間の活動のうち主として、子育てに悩む母親のためのグループ活動の記録をまとめたものです。

この本を読んで頂きたい読者として、私は、主に次の3群の方たちを想定し、その方たちのことを思いながら、その方たちに宛てて書きました。

まず第1は、現在子育て中のママたち、中でも特に子育てが辛いとか、うまく行かないとかで悩んでおられるお母さんたちです。本の中のママたちのホンネをさらけ出した対話を読んで、「私だけじゃないんだ」と安堵し、彼女たちの変化していく様子に「私も変われる。いつか変わって行く」と確信してください。先輩たちの経験話の中に何かヒントが見つかるかもしれません。そしてできれば、貴女の間近にきっといるはずの、同じ思いを持つお仲間と繋がれる場所を探して下さると良いなと、心から思います。また、それほど悩んでいらっしゃらないにしても子育て中のママならば、グループの対話や、第5章の詩の中に共感できるコトバがたくさんあるでしょう。

同じように是非読んで頂きたい第2の読者群は、現在子育て支援に関わっている専門職、担当者の方たちです。保育園、幼稚園の先生、保健師、自治体職員、心理士、福祉職、地域ヴォランティア、その他子育て支援に関心のある方たち、そして学校現場で保護者対応に苦心していらっしゃる先生方など親との接点を持つ方々です。お母さんたちが何を考え、何に悩み、苦しみ、そしてどんなに努力しているかを是非知って頂きたいと思います。その中で支援者としてどう関わり、何をすれば支援になるのかを考える参考にして頂ければ幸いです、と言うと偉そうに聞こえますね。もちろん「みみずく」はほんの小さな相談室の、ささやかな、つたない試みに過ぎません。もっと役に立つ、もっと大変な支援をしていらっしゃる方々が大勢いらっしゃるのも知っています。支援の方法も一つではありません。状況や立場、そして対象となるお母さんの性格や事情によってすることもやり方も千差万別です。でも、そんな方たちにとってもこの本の中の何かが、何らかのヒントになれば嬉しいと思っています。

第3はそれ以外のすべての方を含みますが、特にお父さん方、男性の皆さま、あるいは男女を問わず子育て問題に関心を持っておられる方々です。児童虐待が増えているのは嘆かわしい、今の親は何を考えているのか、母親教育が必要、などと嘆いておられる方たちにも是非読んで頂きたいのです。今の母親たちがどんなに真剣に悩み、努力しているかをわかって頂きたい。そして、子育ての責任を母親だけに負わせるのでなく、父親はもちろんのこと、広く社会全体の責任として、「子育てのしやすい社会」に変えて行く努力に参加して頂きたいと思っています。

もくじ

はじめに　3
第一章　「みみずく」のこと……9
立ち上げまでのさまざまな出会い…9
児童虐待問題との出会い…12
ソリューションとの出会い…13
「みみずく」と名付けた理由…16
相談室の開始から、グループの出発まで…19
第二章　「我が子を愛したい母のグループ」
——最初の三年間……22
グループを始める（一年目九〜十二月）…22
奇跡の質問　25／解決の芽？　26
二年目…27
二年目の自己紹介　27／幼稚園のこと　28／親との関係　30／親のこと・夫のこと　31／親を恨んでも……　32／いじめ？　イジワル？　虐待？　34／奇跡のその後　37
三年目…38
三人目についての結論　38／ちょっといいこと　40／子どもへの期待　41／プログラムの構造　43
三年間のまとめ…45
子育てを大変にする条件　45／グループの力　48
第三章　我が子を愛したい母のグループ（第二世代）……50
一年目春（四月〜七月）…50
親による体罰　50／先輩の参加　54／『ちょっといいこと』の効果　56／夫の暴力　58／表彰状　60
一年目秋（九月〜十二月）…61
二十キロの米？　61／三人目の話は……　63
二年目春…66
子どもが可愛いと思えない？　66／『子どもが可愛くない』なんて言ってもいいんですか！　69／変化のきざし？　70
二年目秋…73
親・義父母との関係　73／生きる目標は？　74／学校への不満　75／こころの病について　77／「ふーん、へえ」　78／スケーリング・クエスチョン　79
第四章　第二世代グループ・続き……83

三年目春（四月〜七月）…83

どんな自分になりたいか？　83／友だち・人間関係　86／うまくやれたこと？　92

三年目秋（九月〜十二月）…93

施設の利用など　93／親と自分・自分と子ども　96／『愛』って何？　98

三年目冬（一月〜三月）…99

子どものウソについて　100／夫婦喧嘩と仲直り　101

四年目春・秋・冬……106

FAXの寄せ書き　106／新しいチーム・ワーク　108／〆のスケーリング・クエスチョン　111

その後のグループ…114

第五章　一人ぼっちの魂の叫び（詩集）…………116

無　題　117／一人ぼっち　119／寂　寥　120／魂の願い　122／責　任　123／女　125／女の子　126／幸　せ　128／母親　131／子ども　133／否　定　135／結　婚　138／自己肯定感　139／初めての赤ちゃん　140

第六章　グループ21

（思春期以降の子を持つ母のグループ）……147

もう一つのグループ…147

初年度（七月〜翌年三月）…148

初回　148／娘の部屋が……　151／あと一年で卒業なのに……　158／春が来た？　161

二年目（四月〜翌年三月）…165

子どもの進路　165／それぞれの変化　167／恨み・憎しみ・しがらみ　170／年度末の結論と新人の参加　173

十年の歳月を経て…177

その1　177／その2　179／その3　180

第七章　カウンセラーの呟き……………………182

児童虐待と親…182

「神話」からの解放　184／つなぐこと・つながること　186

「みみずく」の統計から…187

表7-1　188／表7-2〜7-4　190

グループを続けてこられた要因…192

①必要最低限のルール　192／②メンバーとの信頼関係　193／③外枠だけの構造　193／④スタッフ　194／⑤託児　194／⑥ソリューションの技法と信念　194

おわりに　196

ママたちの本音とグループによる子育て支援

第一章 「みみずく」のこと

子守みみずく

立ち上げまでのさまざまな出会い

カウンセリングルーム「みみずく」を立ち上げたのは一九九八年の八月だった。それから二十年余り、細々ながら歩み続けてきたことになる。この本を書くに当たって昔のメンバーに許可を頂く手紙を出したところ、「まだ続いていたことがオドロキ！」という返信も頂いた。始めてからも長かったが、始める前にもいろいろな出会いがあって、その結果として相談室が出来上がり、そして今があるのだとつくづく思う。

（なおこの相談室については、以前の本[注1]でもちょっと書いているので、内容が一部重複することをお許しい

注1　龍島秀広・阿部幸弘・相場幸子ほか『解決志向リハーサルブック』遠見書房、二〇一七年、pp.132-135

ただきたい。）

私の臨床歴は家庭裁判所調査官として始まった。非行少年とその親に面接し、生育歴や非行に至る経過を調査し、処遇意見を書く仕事で、戦後まもなく成立した少年法によって、司法領域に社会科学や社会福祉の理念と方法論が導入された画期的な職場であった。心理臨床そのものではないが事例によっては定期的に面接することもあり、心理、福祉、司法の重なり合った仕事にやり甲斐も楽しさもあったが、種々の事情で数年で退職せざるを得なかった。

その後数年のブランクを経てぼつぼつと再開した仕事のなかには、短大や大学の非常勤講師のほかに、市の相談機関の嘱託として、子どもの障害や、母親の子育てについての相談もあった。自分としては精いっぱいやったつもりだが、お母さんたちの気持ちを理解できていたかどうかと言えば、ずいぶんと不十分で、来談された方の心に沿っていなかったのではないかと申し訳なく思う。この頃の思い出として、ある光景が思い浮かぶ。相談を終えたばかりの母子と、トイレで鉢合わせした。自閉傾向を持つお子さんが何に気持ちを高ぶらせたのか、いきなり自分の帽子を蛇口の下に持って行き。びしょびしょにして握りしめた。それを、唇を噛んで見つめているお母さんを、見て見ぬふりをして出て来てしまった。今思えばせめて「お母さん、大変だねえ」と声をかけてあげればよかったのに。

その後大学の教員となり、授業の傍ら研究室で時々学生の相談に乗ったりしていたが、退職後は自分の相談室を持ちたいという漠然とした願いはどこかにあった。

その一方でヴォランティアとして、一九七五年頃から北海道クリスチャンセンター家庭福祉相談室[注2]という場所と関わっていた。個別の相談もあったが、主な事業は先駆的に始められていた就学前の障害幼児の療育と、母親支援である。

ここの母親グループの実践はどこにも類を見ない独特のものだった。これを始めた北星学園大学の忍博次教授（当時）は、「雑談をすることが大事なんだよ」と言いながら、母親たちとリラックスした雰囲気でお茶を飲みながらの語り合いを展開されていた。[注3] 時々は質問を投げかけ、たまに必要な知識の提供もされていたと思うが、講義のような堅苦しさは一切なく、母親たちはその中で、自由に感情を表現し、子どもへのいらだちや思いを吐露し、泣き、笑いつつ過ごしていた。週一回のグループだが、やがて一年たつと、子どもの障害を受容し、接し方の工夫や適切な進路選択ができるお母さんたちに見事に変貌していた。このグループについても以前の本でちょっと触れているが、[注4] 私にとってこのグループが、「みみずく」のグループの原点となっている。

注2　家庭福祉相談室レポート№1～№6『障害幼児問題と取組んで』同№7～№20『発達援助に携わって』一九七〇年よりほぼ隔年発行　北海道クリスチャンセンター福祉会家庭福祉相談室
注3　忍博次『共生社会をもとめて』はまなす文庫、二〇一〇年
忍博次『続・共生社会をもとめて』かりん舎、二〇二〇年
注4　『解決志向リハーサルブック』前出、p.34

児童虐待問題との出会い

「みみずく」立ち上げのキッカケに児童虐待の問題があったのは確かなのだが、もともとその問題に関心が深かったわけではない。

一九八〇年頃、夫の仕事の関係でイギリスに半年間滞在したことがあった。その折、自分の興味でいくつかの病院や施設を見学した。そこで出会ったソーシャルワーカーに「こちらでは児童虐待が大きな社会問題だが、日本ではどうか」と聞かれ、「日本には母子心中はあるが、虐待は滅多にない」と答えたのを覚えている。法律上は殺人になる母子心中も、親が勝手に子どもの生命を奪うのだから究極の児童虐待に他ならないが、当時の私にその意識はなかった。「いや目に見えないだけで、必ずあるはずだ」と言われても、日本ではありえないこととして否定し続けた。それほどこの問題に関して私は無知、無関心であったと言わざるを得ない。

我が国で児童虐待が社会問題として取り上げられ始めたのはいつ頃だったろうか？　厚生労働省が統計を取り始めたのが一九九〇年、児童虐待防止法の成立・施行が二〇〇〇年だが、その間に日本各地で予防・防止のための民間団体が設立されつつあった。

その中の一つに北海道児童虐待防止協会もあり、設立数年後の総会に初めて出席してびっくりしたことがある。電話相談の報告で、大部分の電話が通報というより「虐待をしてしまった、してしまいそう」という当の母親たちからであることを知った時だ。協会では児童相談所はもちろん、保健所などの公的機関とも連携して危険性の高いケースについてはさまざまな支援を行っていた。ただ、私が注目したのはそこまでに至らない、多くの悩める母親の受け皿がどこにもないという事実だった。

育児相談の窓口は子どもの発達段階や、正しい育児の知識は与えてくれる、しかしそうできない親の悩みを聞く場ではなかった。ましてや子どもを叩いてしまったなどと、言える場ではない。言ったとしても叱られるか、「お母さんがしっかりしてください」と空しく励まされる他ないとわかっている。精神科に行ってもそれは病気ではないと帰される。それを聞いた時、真っ先に私の頭に浮かんだのは前述したクリスチャンセンターの母親グループだった。「ああ、この人たちに、同じ思いを抱える人が集まって語り合う場があったらいいのに！　それができればこの人たちはもっと楽になり、何かが変わってくるはずだ。でもそんな場所がどこにもない！　これは作るしかないだろう」と感じた。

と言ってもすぐに何かができるわけではなく、まずは防止協会に加入し、しばらく電話相談の仲間に加えてもらって電話をとったり、仲間の話を聴いたり勉強会に出席したりしていた。

ソリューションとの出会い

相談室を開きたいと思っても、それまで臨床一筋に歩いてきたわけでもなく、基盤となる特別の理論や技法を持ち合わせていたわけでもない。

私が当時知っていた心理臨床の技法と言えば、一つは科学的な心理検査を用いたアセスメントや生育歴、生育環境の聴取による原因推定から接遇の方針を考えること（ソリューション［解決志向］の側から見た言葉を使えばいわゆる「問題解決志向」の技法）である。もう一つは、ロジャーズの来談者中心療法に従ってひたすら傾聴するカウンセリングの技法である。よく考えると、この二つは真っ向から矛盾すると思われるのだが、なぜかわが国では当時ほとんどの現場でこの二つを適当に組み合わせて、あるいは使い分けて用いていたように思う。私自身もそうやって来た。しかし、これらの知識や経験だけで、虐待してしまいそうだ！という母親たちの切実な悩みに答えられるような相談事業がやれる自信はとてもなかった。

ところが一九九〇年代の終わり近く、いくつかの学会のワークショップでに出会った解決志向アプローチ（解決構築アプローチ／ソリューションフォーカスト・アプローチともいうが、通常ソリューションと呼ばれている）は、何か新しい視点と希望を与えてくれるように私には思えた。

まず、この技法はブリーフ・サイコセラピーの一つであり、クライエントの負担を最小限に押さえ、最小限の時間で必要最低限の介入しか行わないという姿勢がとても実用的である。問題の根本的解決とか、人格の改変とか大上段に振りかぶった目標を掲げない謙虚さが私の身の丈に合っていると思えた。

さらに、その目指すところが[注5]

注5　ディヤング＆バーグ『解決のための面接技法　第4版』（桐田弘江ほか訳、二〇一六年、金剛出版、p.v（はじめに））。なお文章は筆者が一部簡略化している。

写真１　看板　片桐嶺子作

1. クライエントと協働してクライエントの満足のいく未来のイメージをつくる。
2. その実現のために必要なクライエントの長所と力について双方が理解を深める。
3. そのためにクライエントの思考の枠組みに合わせて対話を重ねる。

というところに、しっくりくるものがあった。

とにかく、枠組みがポジティヴ志向、未来志向である。それに基づく技法というか、ユニークな質問も魅力的で、この方法で行けばクライエントを傷つける心配もなく、何か役に立てそうな予感がした。相談室の開設と相前後して、福岡のソリューションワークス主宰の研修やソリューションの創始者インスー・キム・バーグのワークショップに毎年参加して、この技法の魅力にのめりこんでいった。

ちょうどその頃親戚に貸していたマンションの一室が空いた。機が熟するというのはこういうことなのだろうか？　防止協会の人たちと相談し、タイアップ、協力が得られることを確かめたうえで開設に踏み切った。

大学の定年まではもう少し余裕があり、二足のワラジ、いやクリスチャンセンターのヴォランティアもまだ続いていたので三足のワラジをはいた出発だった。クリスチャンセンターの仲間が、開設祝いにと手彫りの看板をプレゼントしてくれた（写真１）。

「みみずく」と名付けた理由

開設に先立って相談室の名前を考えていた時、なぜか「みみずく」という言葉が浮かんだ。「聴く耳を持つ」ことがまず相談機関の第一条件だと思ったことからの連想だったように思う。すぐその次の連想として、東京の雑司ヶ谷にある鬼子母神の名物、郷土玩具の「すすきみみずく」が頭に浮かんだ。学生時代にサークルの先輩が持っているのを見たことがあった。鬼子母神にまつわる伝説と、子育ての守り神であることもどこかで読んで知っていた。

もともと鬼子母神とはインドの伝説に登場する恐ろしい神（夜叉神の娘）であった。人間の子どもを襲って食べてしまうので、人々に大

写真２　すすきみみずく

変恐れられていたが自分の子どもだけはとても可愛がっていた。そこでお釈迦様が彼女の行いを諌めようとその子どもを隠したところ、ひどく嘆き悲み、やっと子どもを取られた親の気持ちがわかり、悔い改めて子育ての守り神になったと言われている。

それを思い出した途端に、これしかない！と思った。早速次の上京の折に、昔のサークル仲間を呼び出して雑司ヶ谷まで足を運び、すすきみみずくを購入した。元々の、一羽だけのみみずくと、両方の羽の下に子どもを抱いた「子守みみずく」があることもその時知った。両方を持ち帰り、玄関と居間に吊るした（写真2および本章冒頭の写真）。（なお、その後まもなく製造できる職人がいなくなってこのすすきみみずくは一時途絶えてしまったが、現在は保存会のヴォランティアの手によって再開されているそうである。）

余談だが、みみずくとフクロウはどう違うのかとよく質問される。みみずくはフクロウの一種だが、頭の上に飾り羽があり、これが耳のように見えるのでその名がついている。本当の耳はどちらも顔の横にある穴だということである。

発足のきっかけが虐待予防・防止であり、ターゲットとしては主に悩んでいるお母さんたちを頭に置いていたので、名称は「母子相談室「みみずく」」としてチラシ（資料1‐1）を印刷し、防止協会の催しや、いくつかの学会で置かしてもらったり、市内の全保健センターに送ってPRに努めた。

ただし、それ以外の心理相談にも広く対応しているので、名称は相談室と母子相談室を適当に使い分けている。

母子相談室「みみずく」へのお誘い

こんな悩みをお持ちの方はいませんか？

子育てがうまくいかない
こどもとどう関わったらいいのか分らない
こどもが可愛いと思えない
このままじゃ虐待ママになりそう！

もっと違う生き方がしたい
自分を変えたい
人間関係がうまく行かない
相談できる人がいない
誰かに話を聴いてほしい

「みみずく」はそんなあなたのための相談室です

魔法のような解決はないかもしれない。でも一緒に考えてくれる人がいると，何かが変ってきます。あなたの中に解決への力が湧いてきます。

「みみずく」はこんなものを提供できたらと思っています。

＊ 思い切り悩みを吐き出せる場所，批判しないで聴いてくれる人，
＊ 不安を鎮めるよりどころ，安心感，
＊ 自分は生きる値打ちのある、大切な存在だと思える自信，
＊ 明日は今日より良くなるはずと言う希望。

『みみずく』はそんなものを提供出来たらと思っています。

＊＊＊＊　以下省略　＊＊＊＊
（開設日、料金、場所、地図、連絡方法等）

カウンセラー：あいばさちこ（臨床心理士）

資料 1-1　みみずくのチラシ

相談室の開始から、グループの出発まで

「みみずく」の最初のケースは[注6]、北海道児童虐待防止協会でずっと関わってきた家族で、協会との会議で依頼された後、最初に担当の保健師さんが来室して事例の経過説明があり、初回面接に協会メンバーが同席した。その後筆者一人で母親面接と夫婦面接を継続し、翌年から心理士のA・Nさんが子どもの担当として入り、プレイセラピーと並行したり、家族面接に同席したりしてくださった。また時々は地域の保健センターで家族を交え、児童相談所などの関係機関も加わっての会議を開くなど、ネットワークを作り連絡を密にしながらの対応だった。

その間にも北海道児童虐待防止協会の電話相談や保健センターからの紹介でぼつぼつとケースの来室があり、そのほとんどが小学生以下の子を持つ母親の、子育てに関する悩みであった。面接回数は1回で終わった人、数回継続した人、グループに参加した人などとさまざまである。子連れの面接のときはプレイセラピスト、あるいは子守としてA・Nさんが担当した。

グループを希望する人が複数現れた翌年の夏からグループを開始した。

二間続きの洋室（居間）と和室の境の障子をあけ放ち、和室でお母さんたちのグループ、洋室を託児の部

注6　相場幸子「枠に守られた解決」二〇〇四年、心理臨床学研究、22-1

屋とし、一時間半として開始した（途中から二時間に延長した）。子どもたちは出入り自由なので、母から離れたがらないお子さんもいて構わないが、いつの間にか隣の部屋に誘われてゆく。中には少し大きいお子さんが母親の話を気にする場面もあったが、遊びに夢中になると忘れて行った。

話し合いのやり方は自己紹介の後は自由に話してもらうフリートークである。最初に最低限のルールだけを決め、和室の壁に張り出しておいた。

話し合いのルール

1. メンバーの誰かを傷つけること以外、何を話してもよい。
2. 誰が誰に質問してもよい。
3. 話したくないことは話さなくてもよい。
4. ここだけの話。ここであったことを外の人に話さない。

司会的な役割を担うカウンセラーは筆者が務めたが、その他に専門家が最低一人コ・カウンセラー（協働カウンセラー）として加わるように設定、最初の2年間はA・Nさんが、その後何人かの心理、福祉系の専門家が交代で入ってくださった。

そのほか記録係や託児係として何人もの専門家、院生、学生達の協力があった。この本が書けたのもかなり詳細な記録を残してくれたそれらの人たちのお陰である。

次の章から、そこから抜粋したグループの会話や様子、いわば母親たちのホンネトークを筆者の感想を交えながら詳しく紹介していきたい。

なお、メンバーのプライバシーを守るために発言者を特定するような表示は一切省いた。毎回の出席者は少しずつ異なったり重なったりしているが、その回ごとの会話のやり取りや交流のあり方を味わっていただければ幸いである。

第二章 「我が子を愛したい母のグループ」
——最初の三年間

グループを始める（一年目九～十二月）

個別の相談の中で、グループを希望されるかどうかの声掛けをすることから始め、少し遅れてからグループメンバー募集のチラシ（資料2 - 1）も作った。来談者に渡したり、最初に作った相談室のチラシと一緒に各機関に送ったりしてメンバーを募った。

開室後一年くらいたったところでようやく見通しがついたので、九月から十二月にかけて、隔週で7回のグループを設定した。コ・カウンセラーはA・Nさんである。グループのきまり（前章「話し合いのルール」）のほかに、プログラム（資料2 - 2）も壁に貼り出しておいた。

初回と2回目は参加者二人、3回目から四人になった。全員就学前の子を持つ母親である。その時の自己

グループ

グループへのお誘い

こどもは可愛らしいもの？
母親は無条件に子どもを愛するもの？
そんなこと誰が決めたんですか？
こどもを愛せない親だって居ます。
どうしても可愛いと思えない人、
愛したいのに傷つけてしまう人、
愛しているつもりだが自信のない人、
自分は母親失格だとひそかに悩む人、
そんな人はたくさんいるんです。
それなのに、みんなが「こんな悩みは私だけ、
とても人には言えない」とひそかに悩んでいます。
同じ悩みを持つ仲間と、ホンネで話し合ってみたいと思いませんか？

～我が子を愛したい母のグループ～

参加資格：子育ておよび自分の生き方について悩む母親。
スケジュール：隔週で年３クール（４～７月，９～１２月、１～３月），
平日(曜日はその都度変わります）の午前10時～11時半
形式と内容：カウンセラーを交えた10人以下の小グループで、他の人を傷つけない限り何を話しても自由です。進行と交通整理をカウンセラーがお手伝いします。
カウンセラー：あいばさちこ、 他、心理臨床経験者1、2名
託児：同室でヴォランティアの学生・大学院生等(心理・福祉系）がお子さんと遊びます。
申し込み方法：次ページ参照。まず個別に面接した上で、参加について検討します。

費用
個別面接　(1回約1時間)
子育て相談　¥2,000円
一般相談　¥5,000円
(御事情のおありの方は御相談ください)
グループ（1時間半)
¥500円　託児¥100円　(事前面接は個別で1時間　¥2,000円)

申し込み・お問い合わせ方法
必ず予約してください。
電話またはFAXで、御用件、お名前、お電話番号をお残し下さい。
のちほどこちらから御連絡します。

以下省略　(場所、電話、等)

資料2-1　グループメンバー募集のチラシ

紹介はこんな具合だった。

「子どもは三人で、みんな保育園に通っています。一番上の子と気が合わなくて、きつく当たってしまいます。前は叩いたり蹴ったりしていたし、今でも言葉の暴力が止まりません。赤ちゃんの時からどうしても可愛いと思えないんです」

「私も二人のうち、上の子と合わない。私以外なら誰でもいい感じですり寄っていくのが気に入らない。もともと私は子育てに向いていないと思う。対人恐怖症かな？と自分で思っていて、近所の人ともなかなか話せません」

「自分は子どもの頃虐待を受けて育ちました。父がアル中で、母はいつもピリピリしていました。母は弟を可愛がり、私のことは『ダメな子』と決めつけていました」

「私も上の子と気が合わなくて、することなすことに腹が立ってしまいます。でも、こんな性格にしてしまったのは自分だと思うので、負い目があります。それでも幼稚園に入ってから少しずつ良くなってきました」

その後、自分が子どもに対してやってしまうこと、言ってしまう

	プログラム	
10:00	はじまり	
	1．自己紹介 2．今日みんなに話したいこと 3．誰の話から始めるかを決めましょう	
10:30	4．フリートーク ?　☆　♪　#　♪　!	
11:20	5．今日の感想ひとことずつ（順番）	
11:30	おわり	

資料 2-2　グループのプログラム

言葉などが率直に語られる。ある人は「自分の中に魔物みたいなものが住んでいて、それが子どもにひどいことをしてパッと隠れる、あとに残された自分が呆然としている」と表現した。またある人は「いじわるの虫みたいなものが動き出すと止められなくなる」という。

「子どもと意地の張り合いになってしまう。『お母さん作ったからご飯食べない』と言ったので、それ以来ご飯はやらず、一人だけパンにしている。食事の前に『ご飯？　パン？』と聞くと、パンと答えるから」という話には胸が痛んだが、黙って聴く。

お互いに質問しあい、それに答え、さらに誰かが意見を述べ、活発な話し合いが続くことが多い。発言が途切れた時は、適宜カウンセラーから質問し、そこからまた話が発展する。

奇跡の質問

4回目は二人きりの参加。話が途切れかけた時こんな質問をしてみた。「もし今夜眠っている間に奇跡が起きて、今の悩みがすっかり消えていたら、明日の朝はどんなふうになっていると思いますか？」[注1]

一人は「子どもと普通に接している。怒ることもなく普通に朝ご飯を食べ、子どもを園に送り出して、一日を普通に過ごせる。それが私にとっての奇跡」と答えた。

もう一人は「そもそも結婚などしていない、海のそばのマンションで一人暮らし、バリバリのキャリアウ

注1　解決志向アプローチでよく使う「ミラクル・クエスチョン」である。「もしも奇跡が起きて問題が解決したら？」という設定でクライエントが望んでいる解決のイメージについて語ってもらう。

ーマン」と答えた後、あれもしている、これもしているといろいろ語っていたが、突如、「あー、でも今の悩みがなかったら、きっと私はタカビーで、嫌味で、ブランド志向の鼻持ちならない女になっているだろうなぁ」と言う。さらに続けて、「三浦綾子さんの本を読んで、『苦しみは自分にとってプラスになるもの』とあったけど、本当だと思う。今は小さなことでも幸せだと思える」としみじみとした感じで話した。

次の回の朝、欠席の連絡電話があり、「少し気持が落ち着いたので、しばらくグループは行かなくて良いと思う」とのことだった。

もしかして、ちょっと違う形ではあるけれど、本当に『奇跡』が起こったのかも？とふと思った。

解決の芽？

5回目、子どもにパンしか食べさせていなかった人が夫に強く言われて仕方なくご飯を食べさせたと聞いてホッとする。それでいて、子どもに「お母さん好き？ 嫌い？」と聞いたら子どもが「嫌い」と答えたと言ってガッカリしている。「対等に張り合ってるみたいね」というと、「私も四歳児並みなんだね」と言う。

6回目は三人で、「前より少し優しくできるようになった」人が二人、変わらないという人が一人。

7回目（最終回）は一人きりだったが、「ここに来てみて、自分よりずっと大変な人がいるとわかった。何かしてあげたいけど何もできない。私は今すべての望みが叶えられるとしたら、独身で稼いだお金は全部自分のために使いたい。子育てしていても、何も認められていないから、自分には価値がないと思ってしまう。でも、子どもが成長してきて今は少し楽になった。この後主人の仕事が少しヒマになったら、日曜日に子どもを預けて外出するのが楽しみ」と語った。これでこの年は終わる。

二年目

冬の間はグループは休み。五月から新たに四人が加わって、前の年の四人とともにグループを再開した。やはり隔週で、お盆休みを挟んで九月半ばまでの前期7回、続いて十二月までの後期6回である。

二年目の自己紹介

初回は六人の出席があった。

「去年も参加しました。子どものことで悩みはありますが、それよりも今年は自分と母親との関係について考えたいと思っています」

「子どもが三人いて、上が双子なんですがその女の子の方が気に入らなくて、四、五年いじめてきたのでその見返りが今来ています。自分が変わるべきだとわかってはいるけど、カッとなっていじめたくなるんです。皆さんがどう考えているのかが聞きたいです」

「娘との関係で悩んでいます。娘を怒ってしまって、それを誰かのせいにする自分がいて、そんなことへの反省を語り合いたいと思って来ました」

「四歳の娘との関係でいろいろあって、今は一段落したけれど自分を振り返りたいと思って参加しました」

「子どもは小学生二人です。慣れるまで時間がかかると思いますが、よろしくお願いします」

「これから先は発言したい人から自由に」と促すと一人が「みんな叩いたりはしていないの?」と問いかける。「昔は叩いていた」と言う人が多い。「私も昔よりは少なくなったけど、まだ……」と言いかけると、もう一人が、「ずいぶん変わったよね。去年と表情が全然違うよ」と助け舟。「わかりますか?」と嬉しそうだが、続けて「自分の子には責任あるから何とかしなくてはいけないと思っている。兄弟と差別してはいけないと保育園の先生に言われて、気を付けてはいるんだけど、この子は可愛くないと自分で決めつけているせいか、一人だけおやつをあげないとか、汚い服を着せておくとか、意地悪をしたくなる。あんたなんか産むんじゃなかったとか、死ねとか言ってしまう。暴力は少なくなったけど」

「暴力は旦那の前でも?」

「カッとなったら誰がいようと関係ない。隠す時もあるけど、叩いたりしてあざができるから、隠せない。娘が父親のところに逃げるのも気に入らない」

「正直なんだ。私は人前ではいい子でいたい人だから、旦那がいる時はやらないし、やったことを話すことも絶対しない」

幼稚園のこと

遅れてきた一人が参加して自己紹介する。

「三歳の男の子を幼稚園にあげて、ホッとできると思ったら新たな問題が出てきたので、皆さんとお話ししたいと思ってきました」

内容は、園でひっかき傷をつけたりズボンに血がついていたりすることが続いた。一人の子とケンカすることが多いらしいのだが、担任は「お宅のお子さんも活発だから」で済ませてしまう。とうとう子どもが幼稚園に行きたくないと言い出し、園長先生と話し合ってクラスを変えてもらったという。

「うちの子も幼稚園に行きたくないという時があって、電話相談にかけたことがあります。『お母さんが心配し過ぎている。親が不安だと、子どもに伝わる』と言われて、それから園から帰った時『今日どうだった？』と聞くのをやめて、『今日は何が楽しかった？』と聞くようにしています」

「年少さんの時って子どもの差が大きいですよね。うちの子は二月生まれで、ほとんど二歳で幼稚園に上がって、行きたくないというので苛立っていました。結局自分が子どもと離れたいために幼稚園に入れたんだと反省して、やめさせました。引っ越しもあって次の年、年中さんから入れたら喜んで行くようになりました」

「うちの子は活発で遊ぶのが好きな子だから、幼稚園に入れない訳にはいかないんです」

「遊ぶのが好きで、行く方がいいんですね。園に対する不信感はどうします？」

「今は新しい先生を信じるしかないと思ってます」

「幼稚園のやり直しは利くから、駄目だったらやめればいいぐらいの気持ちでいたらいいですよ」

カウンセラーが介入する隙間もその必要もなく、皆が納得したところで、次の人が自分の問題を話し出す。

親との関係

「私は親から虐待を受けて育ちました。いつも母親の機嫌を伺っていました。でも、いいお母さんの時もあってこっちが本当のお母さんだと信じたい、それなのにいじめられるともう訳がわからなくなって……。お母さんと一心同体だった。それを今度は娘との間で再現して、一心同体でいなくてはいけないと思ったりして、もうグチャグチャになってました。それが、ここに電話した後、ああ、お母さんと私は別の人間だから、どうでもいいやと思ったらすっと楽になった。お母さんが私の中から出て行ったんですね。そうしたら娘にも当たらなくなった」

「お父さんはどうしていたの？」

「父はアル中だったから、私が母を守る役割だったんです」

「私の父もアル中だったけど、一人で頑張っている母親を私は崇拝していました。でも子どもにはひどい言葉や無視があって、それでも表面上は立派な親なので、子どももいい子でなくてはならなかった。今、私が娘にひどい言葉を言ってしまうと、母は育児書みたいな言葉で私を非難してくる。『アンタは私に何をしてきたんだ？』と言ってやりたくなる。でも言えない」

「子どもが言うことをきかないと、ものすごく腹が立つのよね」

「そうそう。徹底的に打ちのめさないと気が済まない。でも、三カ月くらい前、子どもとやり合っていたら、主人から『四歳同士のバトル』と言われてハッとしたんです。彼が大きな文字をカラープリンターで打ち出して見せて、字が斜めになってる具合がなんかすごく笑えて、力が抜けたんです。主人のユーモアに救われました」

「実は私も小さい頃母に叩かれていたことを思い出しました。物差しや布団たたきで叩かれたり、雪の日に外に出されたり、茶わんや箸を投げられたり。まあ、責任転嫁してもしょうがないですよね。子どもに手を出してしまうことへの罪悪感はすごくあります」

「子どもへの期待があって、それが満たされないと自分が傷つけられた気がする。自分イコール子どもだったから『あんたのせいで！』となる。でも今は母親としての義務を考えるのはやめて、自分も生身の人間なんだと思うことにしている」

アッという間の二時間が過ぎ、初回はこの辺で時間となる。

親のこと・夫のこと

2回目も親との関係が話題となった。

「前回親からのトラウマの話が出ていましたが、私も自信がないのは親の育て方にあったことに気が付きました。母は弟を偏愛していて、勉強のできる弟を褒め、私のことは『ダメな子』と決めつけていました。それなのにすぐ『何々してあげた』と恩に着せるんです。『産まなければよかった』と言われたこともあります。でも祖母は良く話を聞いてくれました。祖父母の家から帰りたくなくて、母が迎えに来ると隠れていました」

二十歳過ぎてから父に話したことがあったのですが、父は『すまなかった』と謝ってくれました。母は謝ってはくれない。でも母は母で、家庭を顧みない父に不満があったらしく、父がガンで寝ついてからああだこうだと恨みつらみを述べていました。この期に及んでそんなことを言っても、と思って聞いていました。母も愛されたかったんですね。私も母に恨みを言ってみたいけれど、母と同じことになるのでしません。祖母も『母にされた嫌なことは人にしてはいけない』と言っていました」

夫への不満についても話が出てくる。

「子どもが生まれる前は共働きで、よく気が付くいい人だと思っていたんですが、生まれてからは人が変わって、すぐ『母親の癖に』と言う。子どもが怪我をしたら「なんで見ていなかったんだ！」とすごく怒る。自分は休みの日も趣味活動に出かけて、子どもの面倒は見てくれない。それでとうとう『私だけの子どもじゃないのに。何で私ばっかり責められるの！』と切れたんです。それから少し良くなりました。やはり言わないとわからないということがわかりました」

その時の筆者は「いろいろあったんですねえ。皆さんそれぞれいろいろな苦労を抱えて来られたということがよくわかりました。ここでそれを思う存分吐き出すことで、新しい方向が見えてくるといいと思っています」と締めくくった。今にして思えば「お母さんはずっと後になってお父さんに不満を言ったけれど、貴女はちゃんとその場で言えて、ご主人を変えることができたんですね」と言ってあげればよかった。

親を恨んでも……

3回目以降はこの年からの新しいメンバーがどんどん主役になってゆく。ほとんど発言しなかった人が話し出したり、司会者的な役割の人も現れて積極的に質問したり他の人に話を回すなどしてくれる。

「私は幸せだなって思います。いろんな人の話を聞いて、親のこともあるけれど、こういう所があって、ここに来て話ができるのが幸せ。来れない人はハケ口がないから。これで良いのかな(涙をこぼしながら微笑)。悩みはいっぱいあるけれどだんだん小さくなって来ました。こんな風に産んでくれたお陰だと思う。だから子どもが生まれたとき『生まれて来てくれてありがとう』って言ったんです」

「そんな風に思えればいいんだけど、私は『あんたの子でなければこんな風に苦しまなくて済んだ』と言いたい。二十歳になって父に『お父さんは外に逃げていたけれど、私は逃げれなかったんだよ』と言ったら、『すまなかった』と言ってくれた時、私が間違ってなかったことが認められて嬉しかった」

「私だってどうしようもない父だったけど、その父がいたから私が生まれた。六十歳になった親に『あんたのせいで……』と言っても認めなさそう。今でも私を子ども扱いするし」

「夫は家ではゴロゴロしてるだけ、子どもは遊んでくれるかと期待しているのに。『仕事で徹夜したんだから休みたい』。『私は五年間休みなしだよ』って言ったら『お前だってどっかに行けばいいだろう』と言う。今できるわけないのに。あと二、三年したらできるかもしれないけど、その頃になったらどうなってるかわからない。親ともうまく行かない、子どもとも……。躁うつ病みたいに波がある」

「わかる、わかる。私も子どもが小さい時そんな感じだった。でも小学校に上がったら、少し自分の時間ができて取り戻せたんです」

いじめ？　イジワル？　虐待？

八月、6回目の話し合いが凄かった。子どもへの行動について赤裸々に語られ、盛り上り、聞いていて恐ろしくなるほどだった。しかし、その恐ろしさを一番良くわかっているのは当人たちである。少し詳しく紹介しよう。出席者は四人である。

「叩いたりはする？」

「いや。だけど別の面で……」

「私はストレスや不満を一人にぶつけて、一歳くらいからいじめて来たから、あの子には残っている。時々、昔のことを言うの、『風呂で沈んだ』とか」

「えっ？　それ実際やったの？」

「まさか。沈めた訳じゃないけど、なぜか抱いている手をウッカリ離したの。水の中で目を開けてた。慌てて抱き上げたけど、危なかった」

「聞きたかったのは、三人目は欲しくて産んだの？　私迷ってるんだけど」

「保健師さんにはやめなさいって言われたけどね。産んで本当に良かった。絶対可愛いと思うよ」

「お姉ちゃんにとってどうかなって。余計上の子が憎たらしくなりそう」

「お姉ちゃんは可愛がると思うよ」

「そうか」

「ずっと一人だけ差別してきた。心の底から憎らしいわけではないんだけど、当たりやすいって言うか」

「私は本心から可愛いと思えない。捨てて来たい。『寝てる間に山に置いてきてやる』とか言ってしまう」

「『お前なんか産むんじゃなかった。窓から落ちてしまえ』って言ったこともある」

「いけないってわかってるんだよね」

「わかってるけど言ってしまう。もうホント、殺すかもって思った。助けてほしくてあちこちに相談した。ある人は『結局は自分でやらなくちゃならないんだよ』ってアドバイスくれた。やるやらないは自分なんだけど、相談すると話すことで気持ちが楽になる。カウンセリングってそういうものなんだよね」

「虐待ってたまたまそういう環境にあるから起こってしまうのかな？」

「上は双子で二人とも未熟児だったから五カ月たって入院先から家に戻ってきたの。それからが大変で寝る暇もなくてカリカリしてたから可愛いなんて思えない。そのイライラを全部上の子にぶつけてた。近所の人に『大きな物音がしたら見に来てね』って言ってたくらい」

「殺すかもしれないって思って、助けてほしかったんだ。今はそれはないの？」

「ないない。暴力はもうしない自信がある。でも言葉で傷つけるのが怖い」

「一つ確認させて。前に階段から落ちたって言ってたけど、あれは事故だよね」

「うん、それは事故、事故（笑い）」

「合わない子ってあると思う、私は上の子と合わない。けど、だんだん大きくなると話もわかるようになる」

「当たり障りのないようにするしかない。思春期になると離れると思う」

「自分が子どもから離れればいい。私は一人で旅行に行きたい」

「旅行ね……でも帰ってきたら同じだから。去年夫が上二人連れて実家に帰って、私は下の子と二人で家にいたの。すごく楽だった。上の子には『お母さんのこと、嫌いなら家にいる必要ないからね』って言ってしまう」

「私も。家には（お前は）要らないから、とかね」

「私は自分がひどいこと言いながら自分の口がきけなくなればいいのに、って思ってる。だんだん言わなくなってきたけど、『施設に入れるよ』って何回言ったことか！　このまま続けていたらいつか子どもに殺されるって思った。他人を殺すよりは自分が殺されるほうが良いけど」

「親の見てない所でヘンなことしたり、人を傷つけるんじゃないかって思った」

「うちの子は摂食障害になるんじゃないかな？　いつも食事中うるさく言ってるから」

「自殺するかもって考えない？　殺されるのも、自殺されるのも嫌だけど、そう思ってもイライラは収まらない」

「私はここに来るまで自分が親に虐待されてたことを知らなかった。育児に不安があったのは、結局、自分の怒り方が、親と同じように感情で怒ってるのか、本当に叱っているのかわからなくて。でもここに来てる人達はみんな反省して改めようとしてるから救いがあると思う。私の親は自分が絶対と思っているから変わらないと思う」

紙一重の行動や、明らかに心理的虐待にあたる言葉も含まれている。ただ、彼女たちはやってしまったことを正直に話しているだけで、自分を正当化しているわけではない。自ら危険を感じたときはいろいろな人に相談もしている。会話の中でも、お互いに確かめ合い、最悪の事態を避ける用心もしている。子どもに与える悪影響も考え、心配しつつ、自分を抑えきれないことを反省している。

次の回に別の人がポツリと、「やっぱり私も、子どものことじゃなくて、自分の母親に対して怒っていたのかもしれない」と言う。子どもへの行動と、自分が親にされたことの関連性は繰り返し現れるテーマであるが、その関連は複雑であり、その中でさまざまな思いに苦しみながら自分を見つめ、その連鎖を断ち切ろうとみんな努力している。

奇跡のその後

前期の最終回には奇跡の質問以来ずっと来なかった人が現れて事後報告。あの後幼稚園で救われた、いろいろな会に顔を出して、自分がたくさんの人と付き合えたのが良かったとのこと。今は小学生になったのでさらに余裕ができたという。もう一人一年ぶりに現れた人も、イライラは時々起こるけれど、今は特に悩みはないという。

「奇跡」というよりは、本人のその後の努力と、もう一つは時間（子どもの成長ともいえる）が解決の鍵だったのだろうか？

後期に入ると、みんな一段落したのか出席が少なく、入れ替わりに一人ずつという回が続いた。A・Nさんが同世代の母親としてメンバーのように入ってくれる時もあり、個人セッションのようになる時もある。出席したメンバーとしては、寂しい一方で充分話せたという満足感もあったかもしれない。出席者ゼロの日もあり、十二月で二年目は終了した。

三年目

三人目についての結論

次の年の前半はグループを休み、新しい参加希望者が現われるのを待って、九月からグループを再開する。コ・カウンセラーは、K・Kさんに交代した。

最初の回は前年度からお馴染みの三人だった。以前三人目の子どもをどうするか迷っていた人の大きなおなかに注目が集まる。

「えー？」

「そうなのよ」

「心境の変化？」

「うーん、私が欲しかったから。去年流産して、やっぱり欲しいと思ったらすぐできたの」

「最近どう？　落ち着いた？」

「いや、イライラし通し。でも前よりは少し良いかな？」

「私は相変わらず怒ってる。ケンカと仲直りの繰り返し」

「うちはもう悩みないんだけど」

（二人同時に）「えー？」

「悩みないのに来るかって？」

「来たかったら来てもいいんじゃない？　子どもといる時間どんな風に過ごしてる？」

「うちは上二人だけで外に出せるようになったから楽」

「うちも。すぐ前が公園だから」

「うちは心配で子どもだけでは出せない。家のすぐ前ならいいけど、声聞こえなくなると心配。遊んでやることはあるの？」

「たまに。お父さんとトランプする時は私も入れられる。私はゴッコ遊びはできないから、トランプと本読んでやるぐらい」

「うちは全部お父さん任せ」

「前は無理して本読んでやったけど、今は読んでとも言わないし。掃除機かける時ふざけて吸い付けると喜ぶ、遊ぶって言ったらそれぐらい」

「えー私は邪魔だからどけって言うだけ」

「私が普通にしていられる時は、走って保育園に行く。ケンカしてる時はトボトボ私の後をついてくる」


三人とも何となく余裕ができている。ケンカばかりと反省する人も自分なりの努力をしているし、子どもをよく見ているのに感心する。

ちょっといいこと

2回目はこの年初めての人と、先輩一人だった。

まず先輩から「去年も参加しました。子どもをめぐる人間関係とか、自分の感情とかいろいろあるんですけど主人が協力的になって、子どもも成長したので、少し違ってきました」と挨拶、新人は「子どもは幼稚園年少と、一歳五カ月の二人です。上の子に愛情が持てない……最近もイライラして、悩み始めています」と話している間に涙になる。

筆者から、「これからグループの初めに『最近あったちょっといいこと』を話してもらうことにしたいんですが」と提案、「子どもが友達の家で小さい子をいたわっているのを見て、一人っ子なのにどこで学んだのかと嬉しかった」、「実家に行った時、畑の野菜の収穫を手伝った。野菜嫌いだったのに自分で取ってきたら美味しいと言って食べていた」などの答え。

この後それぞれ、幼稚園でのトラブル、上の子を怒ってしまう反省などが語られた。

最後にコ・カウンセラーのK・Kさんが初めて来た人の勇気を称え、筆者は「子どもがぐずるのは構ってほしい時よ」という先輩のアドバイスに感心したと伝える。お二人とも「来てよかった」と言って帰られた。

子どもへの期待

3回目（出席者2名）と4回目（出席者3名）の発言からいくつか拾ってみよう。

「どうしても上の子と相性が悪いの。お宅は？」

「同じ。寄ってこられると、ちょっと離れてと言いたくなる」

「なんでこんな子ができちゃったんだろう？　幼稚園で何もしゃべらない。良いお母さんは自分も一緒に他の子と話して、それから離れていく、私はそれができなかったからかな？　私も小さい頃すごく無口だった」

「えーっ？」

「今と違ってね」（みんな大笑い）

「うちの子は友達と遊んでいてすぐ泣くの。それを見ると怒ってしまう。するとまた泣く」

「どうして泣いたの？　って聞いたら言う？」

「言うけど、また行ってまたすぐ泣く。どうせ泣くんだから行くのやめなさいって言っても聞かない」

「うちの子は鬼ごっこで自分が鬼ばかりでつまらないと帰ってきてしまう。それじゃ友達できなくなるよ。なんでそうなの？と言うと泣いてしまう。私に怒鳴られて頭真っ白になるんだろうね。私はいつもイライラ。最近手は出さなくなったけど」

「私は物を投げちゃう」

「私もあります。背中に当たってしまって、今も跡が残ってて、反省してます」

「この間ひっかかれたからひっかき返したら、子どもの皮膚は柔らかくて傷になってしまった。対等にやり合っちゃうんですね」

「包丁を使っている時グズられると、刺してしまうんじゃないかと……虐待する親の気持ちわかりますね」

「ニュースとかで見て、みんな信じられないというけれど、私はちょっとわかりますね」

「デパートとかに置いてきても後悔しないかも。でも留守番させるときは怪我したらどうしよう？とかは思いますね」

「幼稚園に入れてすぐは、他の子ができていることができていないと、何とかしなきゃって使命感に燃えていました」

「幼稚園の先生は『みんなに好かれてますよ』っていうけれど、私はそれでいいとは思えない。自分の思ってることを言える子になってほしい」

「うちの子は今のやり方では友達ができなくなると心配です。ルール破りをしては嫌われてる」

「子どもなりに調節しているんじゃない？」

「うちの子は自己主張できないで、私に訴えるから怒ってしまう」

「私は『そういう時こう言えばいいんだよ』って教えます」

「最近、近所でグループで遊ぶようになって、親もついてあっちの家、こっちの家と集まっています。私はそういうの好きじゃないけど、そろそろ家で呼ばないと、と思って呼ぶ時もあります」

「皆さん近所付き合いしていて楽しそう。私は全然していないと反省しました。でも、子どもだけで遊びに来られると、私はどうしたら良いの？」

「私は放っておいて家事をしてます」

「それでいいの？　自分の居場所がなくて困っていた」

「自分の家でしょ？」

「そうか、そうなんだ」

プログラムの構造

グループの最初から大体のプログラムを決め、紙に書いて壁に張り出しておいたが（資料2‐2）、三年目からこれに「最近あったちょっといいこと」を付け加え、壁の紙も書き直した。これで、終わりの一言と合わせてプログラムの始めと終わりの構造が定まり、良い効果があったように思う。

まず「ちょっといいこと」で、グループを、きちんと、しかも和やかに始められる。これはソリューションの研修等でよく使われる方法を拝借したものだが、問題にばかり目が行きがちな傾向から、良かったこと、できたこともあった（ソリューションで言うところのリソース）に目を向けてもらう仕掛けでもある。「いいことなんて何もなかった」と答えても構わないのだが、人の話を聞いているうちに、「その程度のことなら私にもあった」と気が付いてくれることが多い。

「終わりの一言」は改めて一人ひとりの気持ちが確認でき、カウンセラー側からのコンプリメント[注2]が出しやすくなる。たとえばこの年4回目のセッションはこんな風に締めくくられている。

筆者「皆さんいっぱい話してくださってありがとうございました。改めて育児の大変さがよくわかりました」

「今日も来て良かったです、ストレス発散できました。幼稚園にはいろいろな親がいるけれど、自分の育児を貫いて行けばいいとわかりました」

「皆さんが地域と交わっているのに感心しました。よそのお子さんの扱い方がわかってすごく良かったです」

「予定日が近くなったので今日が最後ですが、皆さんとお話しできてすごく良かったです。自分なりにいろいろやってきましたが、そんなに気を遣わなくても良かったのかな？と気が付きました」

K・K「……さんはご自分の育児姿勢をきちんと持っていらっしゃるのに感心しました。……さんは人の話を聞いて学ぶところが素晴らしいと思いました。……さんはお子さんのことを心配し、気を遣っていろい

注2　解決志向アプローチの技法の一つで、クライエントの長所を認め称賛すること。

ろ努力してこられたんですね。元気な赤ちゃん誕生のニュースを待っています」

ここでみんな一段落したのか、この後年末まで出席者ゼロの日が3回続いて終わりとなった。

三年間で実施回数27回、グループに参加した人数は9人、各回ごとの参加人数は0～6人であった。ここまでの三年間を一応まとめておく。

三年間のまとめ

子育てを大変にする条件

二十年前と今の子育て事情はどのくらい変わったのだろうか？「子育て支援」などというコトバもまだなかった時代ではあるが、今の時代が格段に子育てしやすくなったようにも思えない。少なくとも子育て中の親の気持ちはあまり変わっていないのではないか？

子育てはきれいごとではなく、母親に重労働と負担と自己犠牲を強いるものである。特に第一子、つまり最初の子育てでは誰もが戸惑う。ホームドラマの幸せな家庭像とはかけ離れた実態、育児書通りには動いてくれない子ども、などなど、「こんなはずではなかった」と思わなかった母親はいないだろう。いたとしたらよほど恵まれた環境にあったとしか思えない。

しかし子ども、子育てはその一方でたくさんの喜びももたらしてくれる。そのバランスで、大多数の人はボヤいたり失敗したりたまに爆発したりしながら何とかやっていけている。周囲の助けの有無も重要な要素である。「みみずく」に集まった人たちはたまたまそのバランスがちょっと崩れたり、不幸な条件が重なってしまい、喜びが得られなくなってしまった人たちである。彼女たちの言葉から、それらの条件がいくつも見えてくる。

まずはすでに述べた最初の子育てという条件、ほとんどの人が第一子との関係で悩んでいた。現代の母親たちは核家族で育ち、きょうだいも少なく、周囲の人の子育てを見聞きする経験がないまま親となってしまう。祖父母などの親族や近隣など周囲からの助けが得られないとこの壁を超えるのが難しい。グループのメンバーたち全員がこの点で共通していた。

その上に多胎などの悪条件が重なればさらに負担感は大きくなる。多胎育児への支援は現在も決して十分ではないが、当時はほとんど考えられてもいなかったように思う。

夫の協力度も多分に大きな条件の一つである。このグループで語られることは比較的少なかったが、夫に対してハッキリ不満を表明して夫を変えた人、夫のお蔭で救われた人もいた。いまでこそ、ワンオペ育児などと、母親一人に育児が押し付けられる理不尽さが話題になっているが、当時は、当の母親たちもまだそれほど意識、というか夫に期待していなかったのかもしれない。

非常に多く語られたのは自分の親との関係であった。はっきりと「虐待を受けて育った」と言う人もいれば、「親が自分に対してやっていたことを子どもにしている、最近になってそれに気づいた」という人もいた。一方で親には何の恨みもないと言う人もいた。祖母が可愛がってくれたと言う場合も多い。ここでは「虐待の連鎖」という言葉を軽々しく使うことは控えておきたい。母親自身の育ち、育てられ方が子育てに大きく影響することは言うまでもないが、一つの言葉で単純に括ってしまうと多くの大切なことを見落としてしまう。さまざまな要因、さまざまなヴァリエーションがそこにはあり、それに気づき、それに苦しみながら戦っている人たちがいる。連鎖を断ち切った人たちもたくさんいる。

それら多くの要因の影響を受けつつ、母親の子どもに対する行動と感情が決まってくるのだが、これらについて彼女たちは、親にも、近所のママ友にも言えない本音と、人には言いにくい真実、表には出ない気持ちなどをほんとうに正直に語ってくれた。子どもに腹を立て、対等にやりあい、そんな自分を大人気ないと思う。「捨てて来てやる」と言いつつ怪我したらどうしようと心配する。子どもへのいらだち、怒り、反省と自分への怒り……自分と親との関係がさらにそこに絡んで、親 - 自分 - 子どもという三者の関係が入り乱れ、ごっちゃになって誰が誰なのか、誰に対する怒りなのかもわからなくなる。子どもに怒りを感じるのは、愛情と期待があるからでもある。自分の親に対しても、恨みと同時に愛情や恩も感じてどうしたら良いのかわからなくなる。親子関係はまことに複雑で不思議なものとしか言いようがない。

自分の行動を「虐待」とハッキリ呼ぶ人はいなかったが、良くない、これではまずいと皆思っていて、将来子どもの育ちが歪んでいくのでないかと心配している。止めなくては、行動を変えなくてはいけないと思うのだが、なかなかできない。その中で懸命に努力している母親たちの姿を感じ取って頂けただろうか？

虐待とも言える行動を「ケンカ」と表現したことには違和感をもった人があったかもしれない。当時の筆者もその一人であったが、今読み返し、思い返してみると、『意地を張っていた』長女の強さをそこに見ることができる。だからそれが母子双方にとって適切な表現だったのだろうと思う。ちなみにその長女も今や立派な社会人である。

グループの力

この中の一人についてある専門家が『子どもへのひどい行動を自慢しているかのように話す』と言ったことがある。そのような感じ方もあり得ると思うが、じっくり聞いているとそれはその人の率直さ、信頼感の現れであることがわかる。カウンセリングではまずカウンセラーとの信頼関係が重要であるのと同じく、グループでも、まず安心して話せる場をつくることに気を遣ったが、こちらの予想を遙かに上回る率直な話し合いが展開された。今読み返しても驚きと、メンバーへの感謝を禁じ得ない。

カウンセラーに話すのと仲間に話すのとでは一つ大きな違いがある。同じ境遇の人がいる、同じ思いを共有できる、気楽に話せる、わかってもらえる、『そうそう、私も』という文字通りの共感、仲間がいるという安心感、連帯感、これは一対一のカウンセリングでは絶対に得られないメリットである。

誰かが話すと、同じような体験をしている人がそれに続き、共通点にちょっと安堵する。しかしどの話も少しずつ違っていて、話している本人も、聴いている方もその違いに気付いていく。黙って聴いている人も、自分とひき比べて考え、改めて自分を客観的に眺めることにもなる。

自分なりに解決した仲間からのアドバイスが有効な場合もあり、そうでなくてもなんとなく慰められたり、勇気づけられたりする。

グループはまた抑止力としても働く。子どもへのひどい行動の限度を確かめ、互いに気遣い、質問しあってエスカレートを防いでいた。話すことで気が楽になり、徐々に落ち着いたり、元気になったり、子どもへの感情も行動も変わっていくメンバーたちの姿に、グループと、メンバー間の相互作用の力をまざまざと感じた。

第三章　我が子を愛したい母のグループ（第二世代）

玄関のミミズクたち

次の年の春は新人四人が参加、初期グループから引き続きの二人も時々出席した。その後半年ごとに新人が一人、二人と加わりつつ、五、六年間ほぼ固定したメンバーで推移していったので、この時期を第二世代と名付けることにする。まず最初の二年間、春、秋、春、秋、の4クール29回分をまとめてみる。

一年目春（四月〜七月）

親による体罰

初回は新人四人、まずは自己紹介から。

「子育てには自信があったのにそれを打ち砕かれることがあってどうしていいかわからなくなりました。私は小さい頃からいい子、いい娘でありたい、いい人、いい妻でありたいと思って、無理をして身体に症状が出ました」

「不妊治療を受けてやっと授かった子どもだから一生懸命愛そうと思っていたのに、できてみると思うように行かない。妊娠中から通院していて、できたら治ると思ったのですがそうではなかったみたい。今の状況から一歩踏み出したくて参加しました」

「子どもを愛しているはずなのに手を上げてしまう。エスカレートして止められない」

小学生の子をもつ母がすぐ反応し、「子どもが小さい頃よく手を上げていたことを思い出した。今のみんなの気持ちがすごくよくわかります」と言う。筆者から叩くのをやめたのはいつか、どうして止められたのかを問うと、

「一年生になってから。子どもの自我が発達して人格ができてくると叩けなくなった。今もひどい言葉を浴びせてしまうこともあるけどその後で謝ることができます。自分のしたことを受け入れ、ひどいことをしたのは自分なのだと認めると楽になる」

「私は自分の父親が亡くなってから、子どもが周りにいるとイライラして、ひどいことをしていました。これ以上やったら子どもが大変だと気づいて病院に行きました。私自身がやられたのと同じことを子どもにしていました。絶対親と同じことはするまいと思っていたのに。オネショしたら柱に縛られたり、叩くのは昔は普通だった。今は虐待になってしまう」

「本など読むたびに、自分のしてきたこと、されてきたことを思い出して、二重に傷ついています。親は『自分は口よりも先に手が出るタイプ』と自慢気に言っていました」

「私も親の暴力で育ちました。五年生位まで、母の意見と違うと叩かれたり蹴られたり……。私が『蹴ったりするのは愛情ではない』と言ってから、母もあまり叩かなくなった。でも今でも何か決める時は母の意見を聞いてしまう。私が子どもを叩く時も、自分の意見を押し付けたいからだと思う。カウンセリングに通うことも母に黙っていられなくて話した。『もっと身近な親や旦那にどうして相談しないの？』と泣かれた。それでは解決できないのだと言いたかったが言えなかった」

「私も同じ。母に叩かれたのは自分が悪かったからだと思うけれど、感情に任せてひどい叩き方、母親を思い浮かべると鬼のイメージと重なる。私は反抗しないで、ウソをついたり、意見を言わないことで抵抗した。親の顔色を見るようになった。でも自分も母親と同じことをしている。ため込んだストレスを一番弱い子どもに吐き出している卑怯さ……育児の本には思春期には取り返しがつかなくなると書いてあるので恐ろしい」

「子どもが小さい時、叱った後布団の中で独り言を言っていた、ママは僕が幼稚園に入るまではやさしかったのにって。でも、僕が悪い、何で良い子になれないんだろうって言う。子どもは小さくてもよくわかっている。私は親に叩かれたことはないけど、母が怖くて逆らえないというのはよくわかる」

「自分が悪いから怒られると信じて生きてきた。でも子どもを育ててみて、あそこまで叩いたり厳しく叱ったりしなくても子どもは言うことを聞くとわかった。その時初めて親に疑問を持った。その時はもう心身症になっていた。母に抗議しても被害妄想だと言われた。母は私を愛しているから叩いていると信じることで生きて来れたのかも」

「その通りだと思う。今は命に関わるときだけ、叩いたり叱ったりする。それまでは感情で怒ったり叩いたりしていた」

「命に係わることでも叩いたりしなくていいと思わない？」

「思う。でも、そうしてしまう自分を認める。止められない、だから悩んでここに来る、叩いたら叩いたことを反省して自分を認めてあげればいい」

「自分が叩くことを認めてしまったら子どもはどうなるの？」

「叩くことを認めるんじゃなくて、叩いてしまう自分を認める、やってしまったことを認めるの。理想は叩かないことだけど、今の自分はこうなんだって」

「その気持ちすごくよくわかります。同じことを考えていました」

終りの一言は、

「今までここまで深く、自分の幼少の頃のことまで話したことはなかったです。良かった、また参加したいです」

「どんな人が集まるのか不安でしたが、同じように心療内科などに通っている人も多くて安心しました。自分のことをわかってもらえるかどうか心配でしたが、ここならまた参加できそうです」

筆者「これまで皆さんすごく辛い思いをして来られたこと、本当に大変だったのだなあと思いました。もっともっと皆さんの話をきいて行きたいです」

K・K（コ・カウンセラー）「感動しました。皆さん覚悟を決めて、思い切って来られたのだと思います。

何が正しくて何が間違いかわからない中で皆さん一生懸命子どもと向き合っていらっしゃるのがいいなあと思いました」

初期グループにも増して、親の話が重い。子育て以前に自分の症状が出てしまっている人も多い。それにしても、わが国ではそんなに体罰が一般的だったのだろうか？　未だに体罰容認論が後を絶たないのはそのせいなのかと、あらためて認識した。

しかし彼女たちは自分の暴力を容認してはいない。親への恨みを募らせて親のせいにすることもしない。自身の子育てを真剣に反省し、親のようにはなるまいとしている。

先輩の参加

三回目は初期グループからの一人と、この春からの新人一人だった。

「去年も参加していましたが三人目の子が生まれる間しばらくお休みしていました。一番上が一年生の女の子で、その子と相性が悪くてうまく行かない……葛藤はまだ続いています」

「上が男、下が女でおなかにいる時女の子とわかった途端に不安になりました。母親とうまく行かなかったので、女の友達ともうまく行かない、だから女の子を育てる自信がなかった。おなかを叩いたり、夜眠れなかったり、今思えばうつ状態が始まっていた。その後精神科にかかっています。三歳児検診の時、保健師さんに『疲れているんじゃない？』と声をかけられ、親身に話を聞いてくれてここを紹介してくれました」

「一年生になったのでアイウエオの練習をさせていますが、『上手になったね』とおだてたらうまく行くことがわかりました。以前はおだてると図に乗るからいけないと思ってました。うちの娘はウジウジした性格で友達に『入れて』と言えないのがすごく気になっていたんです。この前旦那と話していたら、『俺、子どもの頃アマシ（余され者）だった』って言うんですよ。私も子どもの頃は一人で遊んでました。母親にも『あんたは子どもの頃からムスッとして愛想がなかった』と言われる……。それで気が付いたのは、娘が私に似ているから気になっていたんですね。そういう所を直さなくちゃと叱ったり叩いたりしていました。この間旦那が珍しく大声で叱ったら、知人のところで娘がしくしく泣いて『おばさん家《ち》で暮らしたい』と言ったそうです。私も子どもの頃ずっと『よその家の子なら良かったのに』と思ってたから……。お母さんとうまく行ってないいって今もですか？」

「母がうちに来る前は薬を飲むことにしています。飲まないと夜凄くおなかが痛くなるんです。私は小さい時から母親のカウンセラー役をしていたから。子どもに自分が悪いと思わせるのは簡単。自分がそうされてきたから。この間も転んでいるのを見て『あんたが悪いんでしょ』と言ってしまった。後でどうして優しくできないのかって思う。私は完璧な母親になりたい。上の子のことはすごく愛していて、下の子はそれほどでないけれど、ほかの人よりはずっと愛していると思う。上の子で悩んだ結果、完璧になろうとするのをやめて下の子はなるべく手抜きをして育てました」

「一人目で悩んで、二人目で考えて、そして三人目を産んだんですね。すごく勉強になりました」

子どもの年齢の差、グループ歴の差などの異質性が良い効果を生み、一歩先を行く先輩の話が参考になる。

子どもとの相性もしばしば話題となる。うまく行かない理由はいろいろあるが、これまで多かったのは女の子が自分と似すぎているから嫌だという人、彼女たちはおしなべて自己評価が低い。一方少数だが男の子が自分と違い過ぎて理解できないと悩む人もいる。大切なのはその理由を発見することではなく、それらを語ることで、自分を見つめながら考えや行動が変わり、自己評価が上がって行くことなのだと思う。

『ちょっといいこと』の効果

五回目の記録から拾ってみよう。出席者は三人である。いつも通り『ちょっといいこと』の報告から。

「前回いいこと考えてなかったなあと思って、次からはいいことを考えておこう、今までは悪いことばかり考えていたからって思って、それがまずいいことだった。それから、十年ぶりくらいに自転車を買って子どもと一緒に公園に行った。自転車で帰るのが楽しかった」

「いいことがないか一週間ずっと考えていたんだけど、最初の一週間は体調悪くて最悪、とうとう主人とケンカ、その後いろいろ話して、久しぶりに二人で映画を見に行った。子どもが生まれてから初めてのことだった」

「下の子が無事に一歳の誕生日を迎えて元気に歩いたこと、上の子も幼稚園でお弁当が始まって、全部残さず食べてくれたこと、後、来週私の両親が来ることです」

続いて『今日話したいこと』から始める。

「幼稚園に入れたら自分の余裕ができるかと思ったらそうでもなくて、嫌でも出て行って人に会わなくちゃならないとか……」

「私は子どもと離れるのが辛くて、子どもも幼稚園でストレスためてくるのであまりいい状態じゃないです。だけど、一つ変わったのは、自分の体調によって今日はこれはできない、とか決めておいて、子どもの要求を断ることができるようになったこと。それと、近所にすぐ人を叩く子がいて、主人は『やり返せ』と言うけど、子どもはできない。私は『我慢しなさい』と言うのに疲れて、もういいか、と思ったら楽になったの。子どももそういうの乗り越えて学習していくだろうって。子どものことは子どもに任せて、その方が免疫ができるだろうと期待しているの」

「うちの子はいじめる方で。なんであんたはちゃんと遊べないのって叩いたりしちゃう。今は手を上げるのは少なくなったけど」

「うちに猫がいるんですけど、子どもがひどいことをするから、猫も結構我慢してるんだけど、いつか噛まれるんじゃないか心配」

「猫の心配までしてたら身が持たないでしょ？　猫のことは猫に任せて、『ホラ噛まれるよ』ぐらいで良いんじゃない？」

「友達に『アメとムチ』の飴の使い方が上手な人がいて、ビデオ見せたり外に連れて行ったりと気分を変えさせるのがうまいの。最近は自分も応用させてもらってる。そういう人は自分がそういう風に育てられたからできるのね。泣いてる子を飴でなだめてるの見て、発想が逆だと思った、私は叱ることしか思いつかなかった。でも今は余裕があれば構ってあげる、それができないときは泣かしておけばいいってなってきた。良いお母さんでなくてもいい、完璧じゃなくても自分への罪悪感を感じなくなってきた。自分にもやりたいことがある、いやだよ、もう、メンドクサイ、と言えるようになった」

「すごく変わったねエ、今日来た時から最初の日と顔つきが変わったって思ってた。話を聞いて納得」

「私も同じこと感じてた。私も少し『こうじゃなきゃ、許せない』っていうのが少なくなってきた。主人に対してはまだあるけど」

完璧さの呪縛から逃れると楽になるようだ。そんな話の中に、突然素晴らしい工夫をした話が出てきてビックリすることもある。

「子どもとのスキンシップが大切と言われるけれど、どうしても触れ合うのが嫌だったの。だけど一緒にプールに行ったら、水の中では触れ合っても嫌じゃないことを発見したの。だから、このごろずっとプール通いしてます。子どもも喜ぶし」

人間は本来、良いことより悪いことの方を見つけやすく、覚えていやすいものらしい。だから良いこと探しで意図的に良いことの方を見る習慣をつけ、自己評価を上げてゆくことが必要なのだと思う。自己評価が上がると行動も変わってくる、子どもを怒らなくて済む、良いやり方を発見し、子どもとの関係が変わり、自己評価がまた上がって行く。ただし、その変化はとてもゆっくりである。

夫の暴力

7回目、8回目は夫の暴力の話題が出た。8回目の3人の会話を示す。

「この前も話した夫の暴力の問題だけど、夫は『俺ってカッとなったら何をするかわからないタイプなんだよ。お袋から聞いてない？』って言うの。『聞いてない。聞いていたら結婚してない。この前はもうしないって言ったよね』と言ったら、『できない約束はもうしない、縛られるから』だって。『ということは、またやるということ？』『カッとなったらわからない』『今度そういうことがあったら離婚を考えているから』と言ったの」

「この前、私、ご主人の気持ちもわかるなんて言ってごめんなさい。貴女の気持ちを傷つけたかな？ってずっと反省していたの」

「そんなことはないです。主人の気持ちを考えることも必要だと思う。あの時は自分のショックだけでいっぱいだったから」

「開き直りだよね。ご主人の暴力は治らないかもって思う。子どもを叩く時と同じで、その瞬間はコントロールが効かない。ご主人もストレスたまってるのかもしれないけど、どうしたら良いかはわからない。男の人は女を見下してるから。私たちが子どもに『どうして言うこと聞かないの？』って考えるのと同じ。ご主人の発散方法を見つけるか、女の人が空手でも習って強くなるか……」

「私も昔、夫に暴力でやられたことがあります。今は暴力はないけれど、怖い気持ちは毎日あります。ご主人もカウンセリング受けたらいいのにね」

筆者「どうやって暴力を止めさせたの？」

「親に叩かれて育ったから、叩かれる前にわかるんです。それで叩く前に『叩くの？　叩いたらどうなるかわかってるよね』というんです。叩いたら別れるって言ってあるから」

「私も父に叩かれていたけれどされるままで、早くこの家を出たいと思っていた。主人に会った時、僕が守ってあげるって言うから結婚したのに……その人がまさか……」

「別れる気持ちはないの？」

「暴力さえなければ別れないけれど……」

「あなたがそういうことをしたら私は耐えられない、っていうイメージをご主人にしっかり植え付けておくのが大切。私も実は嫌なことがあって、死にたいと思ったけれど、今私が死んだら子どもの心が傷つく……っていうイメージを浮かべて思い留まったの」

「人に言ってもわからないと思っていたけれど、ここに来て話すと気持ちがすっきりします」

「親から叩かれてただ怖くて固まっていた自分から、そこを乗り越えて自分のことを話せるようになって良かったです」

「来る前はどん底の気持ちだったけど、少し成長しました」と終わる。

表彰状

この頃は、記録、託児のためのスタッフの数が多く、セッション後の話し合いが盛り上がり、一人ひとりに表彰状を渡したいということになった。それぞれの特徴と美点をとらえて、一人ずつ違った名前の賞にして文面を考えた。スタッフの一人が美しいレイアウトで印刷してくれて、最後の日それぞれに手渡した。みんな喜んでくれた。いくつか文面を挙げておく。

「……殿　あなたは一回も休まず積極的にグループに参加してくださいました。あなたが数々の苦難を乗り越えて、今の微笑みに到達されたことは本当に素晴らしいことです。よってここに、皆勤賞と、微笑みびっくり賞を贈ります」

「……殿　あなたの穏やかな微笑みとゆったりした態度はとても素敵でした。故郷を遠く離れた寂しさと数々の辛さに耐え、子育てに一生懸命と取り組んでいらっしゃる努力は大変なものです。よってここに、悠々賞と子育てがんばってるで賞を贈ります」

「……殿　あなたは良い家庭を築こうとして常に前向きに進み、解決への努力と工夫を惜しまない方です。これは大変尊敬に値することです。よってここに、ひたむき賞と子育てに工夫してるで賞を贈ります」

あとは、「上手にやってるで賞」「思いやり賞」などである。

一年目秋（九月〜十二月）

二十キロの米？

九月からのグループは、初期グループからまた一人が再来、新しく二人の新人も加わって、子育ての反省や工夫がいろいろと語られた。五回目の三人の話し合いが充実していた。

初めは三歳の女児が保育園でお昼寝のときオナニーをしていると保育士に言われ、「家庭で何かありましたか？」と聞かれショックだった話。自分の育て方に足りないものがあったのかと自分を責めていたが、性教育のセミナーに出て、悪いことではない、健康なことと聞いた。少し安心したが親として子どもにどう言ったらいいかわからないという。口々に「うちでもあった。いつの間にかしなくなった」

「恥ずかしいよーと言えば？」

「罪悪感を持たせないようにと書いてあった」

「保育士さんにセミナーのこと話すといい。若い人だったらよく知らないかも」

「しないほうがいい時と場所を教えればいい」

「園ではしないでと言えば？」

「お尻を出したら恥ずかしいのと同じだよっていうのはどう？」などの助言。話した人は「することがわかって肩の荷が下りた」と納得する。

次の人の話題はもっと深刻だった。

「夫とうまく行っていないのに、妊娠したみたいで悩んでいた。経済的にも、体調から言ってもしんどかったけど夫の母がおめでとうと言ってくれて、やっぱり産もうかとか迷った。三カ月に入って、病院の検査で成長がとても遅く異常だと言われ、手術した。麻酔が効かなくて辛かったのに、夫からのいたわりもなかった。ダメだと思いながら期待していた面もあったし。でもやっと自分の中で吹っ切れた。今いる二人の子を大切にしなくては」

「何と言ってあげていいかわからないけど、一人で耐えたのは偉いと思う。命ってわからないもの。その赤ちゃんはお母さんの体を守ってくれたのかも」

「私も一度流産して、自分を責めた。あれが良くなかったのか？とか。親としての自覚がなかったのか？とか」

「目の前にいる子どもってすごい。いてくれてすごいと思う」

「吹っ切れたと言えることがすごい。どうやってできたの？」

「あの子はもう出されてしまって、もういないんだって、そのことの意味を考えようって。ある人が『辛かったけど、貴女にとって良かったことかもよ』と言ってくれたので立ち直れた。今でも子育てでイライラしてるのに、下にできたら上の二人が辛い思いをしたかも。二人をちゃんと育てなさいってことだと思う」

三人目の話は……

「すごい話を聞かせてもらった。それに比べたら大したことじゃないけど、この間初めて友達とケンカしたの。その人の子どもさんが、学校へ行かれなくなって『小規模で自然と触れ合えるいい学校があるよ』って転校を勧めたら『子どものためにそこまでできない』『どうして？』『私は自分が楽しむために子育てしている』『それじゃ子どもさんが可哀そう』って言ったら、『それは失礼だわ』って。

　彼女を傷つけたかもしれないと思って謝った。一瞬母の姿と被って、母に言いたかったことを彼女に言ってしまった。家に帰ってからすごく後悔して泣いていた。世の中に、『子どもより自分が大切』っていう人はたくさんいるから、痛い所を突いてしまったのかもしれない。いつもは私が聞き役で、言いたいことも相手を傷つけまいとして言わないでいた。いつも従っている自分が嫌だったことに気づいた。何の涙かわからなかったけど、口惜しさと悲しさの両方があった」

しばらく皆の沈黙が続いたので、筆者が「あなたがそういう感情を持ったのは当然だし、誰も傷つけていない。謝る必要もなかったと思う」とフォローすると、

「正直な気持ちで言うと、子どもより自分の方が大切っていう人とは付き合えない。母とのことが解決してないから。……（一瞬みんな沈黙）……。皆さんは自分と子どもとどっちが大切？」

思わず、「いやあ。すごい質問だねえ」とフォローしたつもりだが、一人が、

「その友達は『こういう子どもは望んでなかった』ということかも。思う通りに行かないと、だんだん自分の方が大切という方に傾いて行くのかも」と言うと、

「自分が同情してほしかったのに子どもに同情したからなのね。その子の人生はその子のものだから、学校へ行かなくてもやっていく道はあると思うけど、それは親としてやることを片端からやってみてからのことで、最初から拒絶するなんて悲しくて……母も自分を大切にする人だから……言わずにはいられなかった」

ちょうど終了の時間が来ていた。「答えられない質問には答えなくてよい」ルールもあるのでここで締めくくることにした。

筆者「皆さん本当にご自分のこと、お子さんのこと、真剣に考えておられて、胸の痛くなる話を淡々と話してくださってすごいと思いました。ではお一人ずつ終わりの一言をどうぞ」

「雨の中重い気持ちで、みんなに引かれたらどうしよう？と思っていたのに、話してみたら皆さん頭が柔軟ですごい。『はずかしいよー』って言えばいいんですね。二〇キロのお米をウンウン言いながら背負ってきたら、ここでご飯に炊いてみんなで食べてもらったような感じです」

「ずっと、頭と心がガチガチだったけれど、ここに来て、喋れて、みんなの話も聞けて、リラックスできました」

「……さんはお子さんのことを真剣に考えていてすごい、……さんはいつも重大な話をサラッと言って、我慢強いなと感心するけど我慢しないでねと言いたい。自分のこともここで話すと、頭で考えていたよりも大丈夫なんだって思えます」

Ｋ・Ｋ「一つひとつの話が大きかったです。……さんは命の尊さから、お姑さんや娘さんとの関係を見出そうとしていてすごい。……さんは、泣きながらお母さんのことを話しながらご自分のことを発見されていてすごいと思いました。大変なことが多いのに、いい所をちゃんと見つけておられますね。……さんのお米の例えは素晴らしい、頭が柔軟なんですね」

お米の例えを話した人は気が済んだのか、その後現れず、やがて「もういいです」という連絡が入った。母親との関係を悩んでいた人は、リサイクルショップでウクレレを買って練習を始めたという。六回目、七回目も三人ずつの出席でこの期を終わる。

二年目春

子どもが可愛いと思えない？

一〜三月の冬休みが明けた四月、初回は二年目の人と初めての人と二人だった。

「去年から参加しています。家にいると煮詰まってしまうので、ここに来て話すうちに何か見つかればと思って来ています。一人で考えていると、苦しくなるばかりだったけれど、ここに来て話して、いろんな意見が聞けて、救われました」

「上の子がやっと幼稚園に入って、小さな愚痴を言い合うお母さんはいるけれど、本当に困っている人はいないみたいで。私みたいに行き詰って、本当に困っている人と友達になれたらと思って今日初めて来てみました。自分の子が可愛いと思えない、そういう経験のある人はいますか？」

筆者「もちろんたくさんいます。去年もそういう話はたくさん出ましたよ」

「友達に聞くと、一日に三十回くらい、可愛いと思うって……私は一週間に三回くらい、私のいうことを聞いてくれた時には思うけれど。下の子はまだ小さくて思い通りにならないとわかっているけれど、上の子はできるのにしないから腹が立つ」

「幼稚園では？」

「すごくいい子にしていると言われる」

「そうなのよね！　外ではできるのに、家ではしない。どうしてやらないの！　ってゲンコツが飛んでしまう。下の子をあやしていると上の子も来る。大きいのになんで？　と言ってしまう。構ってほしいのはわかるんだけど、気持ちに余裕がない、主人とうまく行かなくてイライラしている時は上の子にそれをぶつけてしまう。わかる時もあるから、なんでわかってくれないの？　と思う。『ママ今日はお熱があるならゆっくり休んで』と言ったりするときは可愛いけど」

その後も意気投合した感じで、「同じように悩んでいる人に会えてよかった」とお互いに言い合っていた。

2回目は4人集まり、同じような悩みで盛り上がる。

「ダッコしてと言われたら、してあげられるようになりたい」

「うちも同じ。とにかく上の子は可愛くない」

「私の思い通りになっているときは『なんていい子』と思うけれど、爆発すると手が付けられなくなる。私がしてほしくない時に限ってそうなる」

「どうしてこの子だけこうなんだろう？　って思うよねえ」

「小学生になって少し良くなったけど、同じです」

「上の子は頑固なところがあって、反対の方向にワザと行ったり、今反抗期なのか、それともずっと続くのか？」

「うちの娘は生まれた時から反抗期！」（一同笑）

筆者「怒られた時、娘さんはどうするの？」

「アッと言う間に忘れるみたい」

「最近うちも……前はダッコをせがんで来たりしたのに、ケロッとしてる」

筆者「子どもの方が切り替えが上手なのかも？」

「そう言えばこの前はゴメンナサイと謝ってきた」

「良い娘さんじゃない！」

「最近は離乳食に手がかかるから上の二人は野放し……嫌なところが目につかなくなった」

「育児書には『子どもは親のいうことを聞かないもの』と書いてあるけどねえ。でも実際に、急ぐ時に何もしてくれないと腹が立つし」

「うちもそういう時があった。今はその時期は過ぎたかな？」

「どうしたら育児書に書いてあるような育児ができるんだろう？」

「そういう人がいた、だけどその人の家に行ったら散らかり放題！」

「それでも子どもは気にしないで育つんだね。その方がいいのか？」

一人目の子育ては母親にとってすべてが初体験で戸惑いばかり、二人目以降は道筋が見えているからイライラしない。育児書通りの理想的な子育てはなかなかできそうにない。みんな手探りで考えながら進んでいく。

筆者「時間がきました。皆さんそれぞれによくやっていらっしゃるし、子どもさんもちゃんと育っているのだと思います」

「怒り過ぎと主人に言われるけど、他にも同じような方がいらっしゃることを聞けて良かった」

「子育てするようになって、眉間にしわが増えて顔が変わってしまった……でも今日は笑って話せてよかったです」

「お姉ちゃんが落ち着いてきたと思ったら、下がやんちゃになってきて……やっぱりここに来るといいです」

「深刻に悩んでいたけど、同じようにやっている人がわかってよかったです」

K・K「一人だとイライラすることも、みんなで共有できると笑えるんですね。またどうぞ来てください」

『子どもが可愛くない』なんて言ってもいいんですか！

この期から参加していた人がだいぶ後になって、こう打ち明けてくれた。

「ここに来る前はもう苦しくて、苦しくて、でも、子育てが辛いとか、子どもが可愛くないとか、可愛いと思えないなんて、口が裂けても言ってはいけないと思っていました。それなのに、ここではみんなが堂々とそれを言っている！　もう、本当にビックリしました。えっ？　言ってもいいの、そんなこと？って。言ってもいいんだと思えたらスッと心が軽くなりました」

ものすごく印象に残った言葉である。初めはそのままこの本のタイトルにしようと考えていたが、少し表現を変えてサブタイトルに入れさせてもらった。

言ってはいけないと自分を抑えていると、思いは自分の中にたまって、ますます苦しくなり、子育てはどんどん重くなる。そもそも人間の感情はその時々で変わるのだから、可愛い時、可愛くない時があって当然で、可愛いか？　可愛くないか？の二者択一で言えるものではない。自分の思いを打ち明ける場ができ、話しているうちにだんだん心が軽くなり、辛さが薄れていく。心に余裕ができると、子どもを見る目が変わり、子どもへの対応も変わって来る。子ども自身の成長もあって、だんだん『可愛くない』よりも『可愛い』が増えていく。

大切なのは、そういうホンネが言える場所なのではないか？

変化のきざし？

なぜかこの後出席率が下がり、一人、別の一人、ゼロとなった後の6回目にやっと四人の出席を見た。

「幼稚園に行き出してから三カ月、初めは休んでばかりだったけれど、今月は一日しか休まなかったの。私もゆっくりできて、そしたらなんと三キロも太っていた！　子どもがいないことをこんなに喜んでいいのか？　子どもの方は幼稚園から帰るとびっしり泣いているの。ちょっと罪悪感！」

「年少さんなら帰ってきたら甘えたいのは当たり前よ。うちは年長だから帰ってくるとすぐ、『遊びに行っていい？』という感じ」

「うちはずっと泣いてて……私がストレス」

「食べもので直らない？」

「どこまで甘やかしていいのか……私の求めるものが高すぎるのか？」

「延長保育でしょ？　四時まで頑張ってたら疲れるの当たり前」

「私もグズグズ言われると受け入れられないと思う。末の子がいろいろできるのを褒めると上がますますグズる」

「私はそういう時、『あんたも三歳の時こうだったよ』と言ってやると嬉しそうな顔するわよ」

「そんなこと言ったことない。なにか手伝いたがると『邪魔だからあっち行って』と言ってしまう」

「三歳って一番手伝いたがるでしょ？」

「よっぽどこっちに余裕がないと手伝わせられないのよね。でもやりたい時にやらせておかないと……大きくなったらもうやると言わないから」

「ところで前に悩んでいたお友達関係はどうなったの？」

「マンションの下の階の子どもと、子ども同士は仲いいんだけど、お母さんと価値観が違う。その家の子はお兄ちゃんやその友達も一緒にベルも鳴らさずどやどや入って来て、食べ物を勝手に食べたりする。そのお母さんがいる時は『ダメだよ』とか一応言うけど、子どもは全然聞いていない」

「子どもだけの時に、うちはこうだからって注意すれば？」

「周りのお母さんに学校に電話したら？　と言われて電話したら、かえって怒られてしまった。学校以外のことを言われても困る、家によって価値観が違う、お宅は過保護すぎるって」

「たしかに学校以外のことだし……うちでは、何人かで自転車で出かけるという時、うちだけダメというのは可哀想だと悩むことはある」

「うちは、遠くの公園に行くときはダメって言ってある。友達の家とうちは違うことを子どもにも理解してもらわないと」

「話は変わるけど、うちの子赤ちゃん返りしていたの、三歳の時、ずっと。病院の先生に言われて、軽く受け止めていたら、四歳になったら卒業できて、お姉ちゃんとしての自覚が出てきたの。テレビで『女の人は共感してもらいたい』というのを聞いて、娘にやってみた。てきめんに効いて、とてもいい関係になったの。この間病院で点滴されて痛かった時、『お母さん！』って遠くにいる私を呼んだのがとても嬉しかった。ここに来て、みんなと喋ったり、アドバイスもらったりしていい方向に行けたと思う」

「もともと貴女は子どもが好きなんだものね。私みたいに子ども好きでないタイプは難しい」

「私は子どもが自立して行くとき行かないで！ってぶら下がる方。貴女は自立させてあげる方だからそこはいいんじゃない？」

「私はすぐ解決策を提案するから、今度は出さないで気持ちを受け止めるって言うのをやってみよう」

「子どものためばかりでなく、自分のために何かをして、自分を好きになっていくのも大切よね」

「私今パソコン習いに行ってるの。家のローンが重いから、ちょっと内職できないかなと思って」

お互いの話を聴きながらそれぞれが子どもへの接し方や自分自身の生き方を学び、考え、行動を変えて行く。

こうして夏休みに入った。

二年目秋

親・義父母との関係

九月からの初回は三人、2回目は二人が入れ替わってやはり三人、3回目もやはり三人。幼稚園でのトラブル、一歳一〇カ月の夜泣き、二歳児の乱暴、三歳児の反抗期など、それぞれ悩みを語る。

四回目、初めての人が一人参加して四人。姑問題がこの日の話題だった。二世帯住宅で同居している人の悩みが大きい。子どもがちょっと泣くと義父母がすぐ顔を出して『泣かせるな』と言われる、親に無断でおやつを食べさせるので夕食が進まないなど困っているという。同居はしていないが夫の実家に帰った時や、義父母が泊りに来た時は皆同じような悩みを抱えていることがわかる。ある人は一度姑と話し合い、お互いに言えないでいたことを思い切り話し、姑の気持ちも少しわかったという。

姑に言いたくても言えないと、その憤懣から子どもに当ってしまう、きょうだいの中でも特に気になる子、自分に似ていると気になって直そうとする、きょうだいで可愛さに差はあってはならないと思うが、やはりある、という話になる。「自分の親も私が可愛くなかったのだと思う。ひっくり返って駄々をこねたら頭を踏ん付けられた」という壮絶な体験談も出る。「うちの親もヒステリックに怒った。子どもは平等に可愛がったというけれどそうではなかったと思う」。一方で、「いい体験もあった。今さら親を恨んでも仕方ない」、「自分が体験しただけに子どもの気持ちはわかる」という話になり、「ずっと可愛くないと思っている子だがこんないい所もある」と初めてその子の長所が語られたりした。

生きる目標は？

五回目は六人でにぎやかだった。

「夫が出張で嬉しくて、本を読もうと思っていたのにうたた寝してしまった」

「園の発表会の衣装づくりに忙しい。昔洋裁学校に通ったとうっかり言ってしまったので、人の分も面倒見たりする羽目に」

「娘が欲しいというのでハムスターを飼い始めたらすごく可愛くて。ハムスターって単独飼いがいいんですって。一匹ずつの檻で」

「いい本を見つけた。『人生の悲劇は良い子に始まる』という題が私にピッタリ。前に読んだ『本当は恐ろしいグリム童話』という本も、今ならよくわかる。意地の悪い継母の話って、本当は実の母の話だった、母親は決して完璧ではない、完璧でなくてもいいって思えるようになった。ここに来始めたころの自分は仮面の母親だった」

「最近気が付いたのは、今の自分に目標がないこと。高校に入って、結婚して、家も建てて、子ども三人持って、って次々に目標達成して来たけど、今は何にもない。パソコン習い始めたけれど、在宅の仕事なんてなかなか……今は目標を探してる」

「偉い！　目標なんて何十年も考えたことない」

学校への不満

「一年生の子が先生にひどく怒られて、厳しくて体罰もひどい。お母さんたちと話し合ってるけど行きたがらない子も出ている」

「それは学校に言わないと」

「教育委員会じゃないの？」

「まず学校よ。教頭、校長の考えを聞かないと」

「言ったら何とかしてもらえるの？」

「うちの学校では担任を変えてもらった」

「うちの子の担任も厳しいんだけど、宿題をいっぱい出すからいいって言う親もいる」

「私も昔、給食が食べれなくて、給食を持ったまま物置に入れられていた。ずっと後になって、その先生から『あれは教育じゃなかった』って謝られたけど」

「先生に言ったら、子どもが『なんで親に言ったんだって怒られたからもう言わないで』って言う」

「先生のことをひどいって言ったら、子どもが学校を嫌いになっちゃうんじゃないか」

「でも本当にひどいことは言わなくちゃ」

「私の親は逆に、どんどん叱ってくださいって先生に言った。すごく失望した。親には味方になってほしかったのに」

「友達の子が、ヒステリックな先生に当たって親が抗議したけれど、後になって『あの時来ないでほしかった、自分で頑張れたのに』って」

「子どもも、親に解決してほしい時と、ただ共感して欲しい時とあるんじゃない?」

「女の子だったらまず共感してほしいかも。娘がこの頃私に『ネッて言ったらウンって言わなきゃダメでしょ』って言うの。でも私は自分の感情がボロボロで共感できないこともある」

「うちの親も共感しなかった、だから私もしない。主人はすぐに『そうだね』って言う。ああそういう環境に育ったんだって思った」

「うちの親は一応共感しておいて、『でもね』って反論する。ああ私に友達ができないのは共感しないからなんだ。今気が付いた。友達と必死に連絡とったりできない、だから話したいことを話せる人がいない」

「みんなそう。そういう話ができたらここに来てないよね」

「幼稚園の親同士で、友達って思っていろいろ話したけれど、小学校に上がったらそれっきり」

「ここへ来るのが楽しみになってきた。私は幼稚園での付き合いが煩わしかった。小学校の方が楽」

「私は目標はないけれど、兎に角楽になりたくて、あと少し、もう少しと子どもの成長を楽しみにしています」

「話をたくさん聞いてもらってスッキリしました。子どもはだんだん自立して行く。今まで子どもに依存していた。勝手かもしれないけど、ハムスターみたいにこれから孤独に耐えていかなくちゃ」

「まだ子どもが幼稚園なので、小学校の話が聞けて良かったです。大変そうだけど、心構えができたっていうか」

「いろいろな話をいろいろな角度から聞けて、見方が広がりました」

『そういう話ができる場』を作ってよかった、とつくづく思う。

こころの病について

六回目は四人。一人が「初めて精神科に行きうつ病と言われて薬を飲みだしたが、誰にも言えない。どういう病気なのか？　治るのか？」などと切り出すと、通院歴のある二人からたくさんの助言が飛び出す。

「十八歳から通っている。薬が合わなくて何度も病院を変えて、合う薬、合う先生にたどり着くまでが大変」「先生に悪いと思って薬が合わなくても我慢していたが思い切って言ったら変えてくれた」「どんどん言った方がいい」「でもすぐに症状が止まるわけではない。サプリメントと思って長く飲み続けないと」「不真面目になるのが一番いい治療。汚くてもいい、風呂に入らなくてもいい」「自分の性格が悪いと思うでしょ？反対に几帳面で真面目な人がなるのよ」「カウンセリング始めるといろんなことがわかってきて最初は落ち込むけど大丈夫」「私は朝起きられないから小学生の子は夫が送り出し、幼稚園の子が出る前に起きる。夫も一緒に病院に行って先生から話してもらった。でも理解のない旦那さんなら言えないかもね」

「保健師さんが夫に話してくれたら『精神的にもろい奴』『気違いだ』と言われた」

「それはＤＶ、本当はあんたが弱いんじゃない？って聞き流せればいいんだけど」

この日は結論が出ないがとりあえず「話してよかった。心から聞いてもらえて、話してくれて元気が出た。暗闇に光が差した」と終わる。体験者からの情報は何よりの助けになる。

「ふーん、へえ」

この期の最終回は前回から一人抜けた四人だった。

「十四キロ痩せたのがいいような、ちょっと心配のような、この前の話で薬ですぐスッキリしないことはわかった、先生は休みなさいと言うが休めない。子どもたちが寝て主人が帰る前の一時間が唯一ホッとできる時間」

「幼稚園から帰って四時間テレビを見せっぱなし。こんなことでいいのか？　将来非行に走るとかならないか心配だけど、怒るよりはいいかと……でも冬休みどうなるんだろう？」

「下の子が学校を休みがち。本人がやられるわけじゃないけど体罰する先生が嫌なのか、甘えているだけなのか？」

「友達から聞いたんだけど、学校でどんなに嫌なことがあっても、家が楽園になれば頑張れるって。うちの子が幼稚園で嫌なことがあったって言っても、私は解決策は出さないで『ふーん、へえ』というだけ」

「休みたいって言ったら？」

「『ふーん、休みたいんだ、そうなんだ』って」

「あ、そうか！　行かなくちゃいけないことは本人もわかってるんだから、言わなくてもいいんだ」

「私の親はいつもああだこうだ言って、話を聞いてくれることがなかった。だから私もちゃんと聞いてやるのは苦手なんだけど、ふーん、へえーだけでもいいかなって。甘えさせるのも苦手、全寮制の幼稚園があったらいいって思うくらい（皆で笑う）。その分主人が甘やかすからバランス取れてるのかな」

「親のせいで辛い目にもあったけど、それをバネにして生きるしか……あの人のせいだって思えるのもいいかな？」

「親のせいと思えば楽。自分のせいって思ったら落ち込むよね。自分の弱さに向き合って辛くなる」

「私の病気が昔より良くなったのは、困った困ったって人に言えるようになったから」

「愚痴ばっかり言ってたら、嫌な人と思われるんじゃないか」

「そう思ってたけど、でも言うことにした」

「誰に言うの？」

「やっぱり主人が多いかな？」

「ご主人は？」

「ふーん、へえ」（一同笑い）

「それでいいんだね」

スケーリング・クエスチョン

筆者「前にも皆さんにこの質問したかもしれないけど、明日の朝目が覚めて問題がすべて解決していたら、何から気づく？[注1]」

注1　これは以前に出たミラクル・クエスチョンの簡易版のようなもの。

「子どもがいない。やった！　ポテトチップ食べながら映画のビデオ何本も見て……でもヒマでヒマでって愚痴って、それはそれで悩みかも」

筆者「子どもさんは今のままで問題が解決するとしたら？」

「ウーン、考え方を変えて、グチャグチャ言って泣くのも成長のうちって思えたらいいのかな？」

「私はやりたいことが二つ。資格を取る勉強と、スポーツ」

「私は今本当に気持ちがすさんで主人も子どもも煩わしいから、誰もいなくて、ゴロンゴロンって身体と心を休めたい。今は夜の一時間だけだけど」

筆者「どのくらい時間があればいいの？」

「無期限に休んで、飽きたら本を読んだり編み物したり……」

筆者「下のお子さんが幼稚園に入ったらできるかな？」

「私の夢は八時になったら子どもたちはみんなハイお休みってベッドに入ってくれること。一番下が小学校に入ったらできるって聞いたけど」

「うちの場合、それほどじゃないけど、まあ楽にはなった。幼稚園の送り迎えで親同士の人間関係が一番大変だったから」

「あと五、六年頑張ればいいのかな？」

「変な先生に当ることもあるけどね」

筆者「では皆さん、それぞれこのグループに来る前の状態を1として、もう来なくても大丈夫を10とした

ら、今はいくつですか？」注2

「3くらい」

筆者「よくなったことは何？」

「言える場ができて自分が変わった、子どもが好きじゃないって。みんな悩んでるってわかった」

筆者「4になったら？」

「もっと周りの人にも言えて、気持ちをわかってもらえて、楽になる」

「私も同じ。子どもが嫌いなんてママ友には言えなかった。保健センターで『子どもが嫌いになるときありますか？』って聞かれてハイって言ったらここを紹介してもらえた。今は5くらい」

筆者「6になったら？」

「今はウソも方便と思って、カワイイね、カワイイねって言ってるけど、本当に可愛いって思えたら6かな」

「私はプラマイゼロ。一時はマイナスだったけど、話を聞いてもらったから」

筆者「1になるには？」

「まず体を休める。それができたら、子どもにもっとゆとりをもって接していると思う」

筆者「では最後に、冬休みが終わって来年の四月にお会いする時までにどんな風になっていたらいいです

注2　ここからがスケーリング・クエスチョンである。

か？」

「子どもたちが元気に学校に通えて、自分のしたいことができていたらいいなと思います」

「四歳になったらグズるのが止まると思っていたけど、そうじゃなくて、グズるのも成長の一つと、思えるように」

「ここが三カ月休みになるのは辛いけれど、春の太陽とともに笑顔を作れるようになりたいです」

筆者「皆さんありがとう、子どもさんと一生懸命向き合ってる方、自分のできることを考えて実行している方、すごく辛いのに耐えて頑張っていられる方など、それぞれにすごいと思います」

K・K「子どもさんへの思いが、毎回伝わってきました。同じくらいの子どもがいるのでとても勉強になりました。あと、援助者のほうから『子どもが嫌いと思うことがありますか』と聞くのが大切だと教えてもらいました」

「そう、自分からはとても言えないので、保健師さんからそう聞いてもらったのが良かったんです」

最初の三年間と比べると、重いものを抱えている人の多いグループと言えるだろう。それなのに、いや多分それゆえに、お互いの話し合いは濃く、仲間意識や助け合う精神が強い。深刻な話なのになぜか笑いの出ることも多い。筆者が言おうと思った褒め言葉などを、メンバーの誰かが言ってくれることもあった。

一方でかなり大変な状況の人もいて、一抹の不安を残しながらこの年のグループを終え、冬休みに入った。

第四章　第二世代グループ・続き

Kem さんのみみずく

引き続きこの世代の三年目と四年目をまとめる。出席者も毎回四人以上、託児も最高六人と賑やかな時期だった。

三年目春（四月～七月）

どんな自分になりたいか？

約四カ月の冬休みの後、四月末の初回は初参加の一人を含む六人の出席、最初の挨拶は、「休みの間にあった良いこと」の他に「グループが終った時どんな自分になっていたいか」も付け加えてもらった。

「子どもが嫌いだということを初めて主人に言えた。『わかっていた。いつ育児放棄するかとビクビクしていた』と言われた。ハッキリ言ったら楽になる。目標はほかの人の前でもそれが言えるようになること」

「うつがひどくなってある病院に行き、入院を勧められたが、こんな所に入ったら余計ヘンになりそうと感じたのでやめた。まず自分を大切に、と思ってしばらく実家に帰って、落ち着いた。目標は少しでも心の霧が晴れること」

「目標は良いフリをするのをやめて醜い自分を人に見せられるようになること」

「十二月に昔の友達に会うかどうかで悩んでいた時『会いたければ会う、会いたくなかったら会わない』という……さんのアドバイスが役に立った。同窓会には行きたいと思ったので行ったら楽しかった。少し物事を楽に考えられるようになった」

「子どもが二年生になりだいぶ楽になった。自分の価値観だけに囚われず、いろいろの意見を聞いて考えたい」など。

「去年は自殺願望があったけど、保健師さんに『あなたが自殺すると子どもは自分のせいだと思ってしまうのよ』と言われて考えが変わった」

「私、実際に手首を切ったの。だけど深くまで切れなかった。包丁を研ぎ直して明日、と思ったら子どもに見つかって、子どもが夫に言ってしまった。夫は『それだけはやめてくれ、本人はいいかもしれないが周りが迷惑』って言ったのよ」

「それはヒドイ!!」

「自分みたいな親はいない方が子どものためになると思う」

「でもどんな親でも母親は自分しかいないんだから」

「完璧な親はいないのよ！　私もそう思ったら気が楽になったの」

「私も子どもが二、三歳の頃いつも死にたいと思っていた。虐待したこともあったのに、子どもが『お母さんが一番好き』と言ってくれてホッとした」

「自分を悪い母と思っている人はたくさんいると思う」

「悩んでいるのはいいお母さんだからなんだと思う」などと皆が励ます。

「みんなは子育ての悩みと自分の生き方と、どっちの悩みが深刻なの？」

「子育て！」

「私は親との関係が一番の悩み」

「私も母親との関係に悩んで距離を置いていたけど、孫は可愛がってくれるので子どもは泊りに行かせることにしたの。そしたら少し母親を客観的に見れるようになった」

すっかり痩せてしまった人を皆が心配する。「一筋の光はあるけれど、それを広げられない」という本人の言葉に、とりあえず希望を置きつつこの日を終わる。


二回目は二人。

「子どもの習い事の発表会で大変だった、倒れたり点滴を打ったりしながら何とかこなした。子どもが自分の感情を出すのは当たり前、その代わりルールはきちんと守らせることにした」

「一年半ぶりですが大分落ち着きました。下の子がまだ小さくて手はかかるけど、上の子よりずっと育てやすいです」

三回目は五人出席。

「祖母が亡くなって、子どもたちに人の死を体験させたくて本州まで連れて行った。九歳と七歳の二人は真剣に骨を拾っていた、何かを感じたようだ」

「休日はいつもゴルフの夫に、一日子どもを任せて出かけ、息抜きをした」

「三歳の子を病院で診てもらったが、発達障害ではないと言われて安心。それでも市の経営するプログラム（発達援助）に入れてもらえたのでさらに良かった。

「病気がひどくなってまた痩せたが、今通っている病院は良く話を聴いてくれ、自分に合いそう。夫にもじっくり病気の説明をしてくれた。一週間くらいは夫が優しかった」

他の人たちから病院についての不満や意見交換があり、迷っていた人が心療内科に行く決心をする。

友だち・人間関係

四回目は六人出席。

「皆さん、お友達とどの程度連絡を取っているの?」と一人が問いかける。

「幼稚園の役員している中で、ちょっと親しくしている人に言った一言ですごく怒られた。友達に相談したら、幼稚園や小学校のお母さんたちとは友達としては付き合わないのが常識、と言われた。今付き合えるのはそういう関係の人しかいないのに」

「私はすごく頑張って、幼稚園の中のサークル二つ入って、小学校ではＰＴＡの副委員長して、その中で付き合える人を探している。でも、人との距離の取り方って難しい。一体化するか、表面的かのどちらかになってしまう。親と一体化して育ったから友達にも同じことを要求しちゃう」

「幼稚園の親のグループで仲良くしてもらっていたのに、誤解されて仲間外れ……。六年生になった今でも尾を引いていて、子どもも私も友達がいない」

「私は友達はよそでつくる」

「私も今それで悩んでるの。幼稚園の時仲良かったお母さんが、子どもの友達を選んで、あの子はいい、この子はダメって言う。うちの子が突然お前は友達じゃないって言われてポカンとしてる」

「いるいる、そういう人」

「学生時代の友人が何人かいるから、私はそれで良い」

「うちは近所イコール娘の友達で、親どうしいつも集まってお茶してるの。みんなに声かけなきゃって気を遣う。学生時代や勤めていた時の友達は、あまり付き合ってない」

「ある本に、子どものためばかりを考えて自分の心を満たさないでいると、子どもに愛情は伝わらないって書いてあった。今まで何してたんだろう？と愕然とした」

「出会いの場所が子どもを通してしかないって悲しいよね」

「生き甲斐は何ですか？　子どもです……それじゃ親も大変、子も大変」

「託児付きの習い事もあるけど、お金かかる」

「お菓子サークルには、おなかの大きい人、赤ん坊背負った人も来てるわよ」

「三年生の子が私の習い事応援してくれるの、したいことしてるお母さんは生き生きしてるって」

「狭い家にずっといるより……」

「子どもといる時間が短いと怒らなくて済むし……」

いつの間にか話題は子ども、配偶者、そして親との関係へと移っていく。

「うちの親は忙しく働いてて、物だけはふんだんに与えられた。親に依存してたのが今は日那に代わっただけ」

「うちは公務員だったけど、給料の半分くらい父が飲んでしまう。長女なのによその人のお下がりを着せられてた」

「うちの旦那は出張がないから息抜きもできない。結婚して八年間子どもできなくてやっとできたらすごく手がかかって、可愛いと思えるようになったのはごく最近。三年生だけど、お母さん自分の好きなこと見つけたら？って言うからパソコン習い始めたら、嫌なところばかり目についていた子が今は手伝いもしてくれて」

「うちの子はお母さん大好きって言うんだけど、煩わしくて、お父さんの所に行きなさいって言ってしまう。そんなに大事に思ってくれるなら考えなきゃいけないと思うけど、産まなきゃ良かったと思ってしまう」

「そこまで思わないけど、なんでこんな旦那と一緒になったんだろうって」

「六年生にもなるとね、お母さん何でこんな人と一緒になったの？って言う。子どもの前でワーッと言い合ったりするから」

「うちの親がそうだった。早く大人にならなきゃって思って育った。母は、お嫁に行くのは市内でなきゃダメとかうるさかった」

「いつも、親はどう思うだろうって気にしていた」

「親に支配されて育つと、いい親になれないって言うわよね」

「子どもとの距離の取り方も難しい。突き放したり、支配しようとしたり……」

「母親と同じことをやってたり、父親と同じことをやってたり……」

「虐待の連鎖を断ち切るって難しい……」

「虐待の連鎖なんてないっていう人もいるけど、どうなんだろう？」

「でも、育てられたところから、どうしても逃れられない」

「母親にしてもらいたかったことをしてもらっていないから、子育てってどうやるのかわからない」

「普通、困ったら親に聞くけど、それができない」

「電話しても説教されるだけ」

「私はお前をちゃんと育てたのに、お前はどうしてできないの？って」

「『あんたはそんな良い育て方したの？』って言いたいけど」

「可愛がられて育ってないから自分の子どもを可愛がれない」

「親は可愛がったって言うけど」

「うちも言う」

「でもあんたの愛は違うよ、と言いたい」

「私の入院中何日か母に預けたけど、息子は『ばあちゃん怖い』って、『そんなことすると叩かれるよ』っていう言い方。『お前の母さんもこうやって育てられたんだよ』って全然反省していない」

「私は親に子どもを見させたくないからシェルターに行った。結局帰ってきたけれど」

「自分が愛情をもらっていないと、自分を愛するのも難しい」

「批判や拒否ばかりだった。あなたのこと大好きよって言われないと……」

「愛されたっていう実感がないのよね」

「だから私、友達ができないのかな？」

「私も愛されてない、お前が大事だよっていう信号を受け取っていない。だから、ウソでも自分を好きだって思わないとやってけない」

「若い時は自分が好きだって思ってたけど、子どもを育ててみると嫌な面が出てくる」

「親に似てきた」

「親と同じことしてる」

「お前が好きだよ、じゃなくて」

「これなら愛してあげるって、条件付き。だから私も……」

「こうしてくれたら可愛いのに……って」

「愛されてないって子どもにしたら不安。まあ、うちは旦那が無条件に愛してるから半分は大丈夫かな?」

まるで歌舞伎の割り台詞のように、人の言葉を取り合い、補い合って、全員の思いがつながってゆく。終わりの一言は次のようにそれぞれの気づきで締めくくられた。

「やっぱり子どもの友達の関係でこういう話はできないから、今日来て良かった」

「みんなの共通点が、人間関係にあることはわかったけど、どうしたらいいのか、自分を愛して、子どもを愛して、人を愛して行きたい。具体的にはまだわからないけれど、楽しかったです」

「いつも戻るところは育てられ方……ここに来て何年になるのか、子どもに悪影響が出ないうちに、いい加減何とかしないといけないと思っています」

「十八歳くらいから入退院を繰り返してきた。愛されているという信号を受け取れないできたから、自分を可愛いと思えない。まだ悩んでいます」

「今日まで、自分自身が自分を愛していないから、ということに気づかなかった。主人が悪い、親が悪いと思っていたけれど、これからはどうやって自分を愛して行くかを考えます」

「何年も来ているけど、今日は自分の抱えていた問題がわかってスッキリした」

K・K「すごく大きなテーマでしたね。皆さんハッキリ言えるところがすごいです」

筆者「次の時までに、自分がうまくやれた、自分のここが良い、可愛いと思えることを探してきてくださ い」

うまくやれたこと?

5回目は7人、6回目は6人、いずれも冒頭に『うまくやれたこと』の報告を求める。

「子どもに『好きだよ』と言えた」

「ずっと行きたかった遠くの動物園に家族で行けた」

「悩んでいる友人がいて、我慢して話をじっくり聴いてあげたらとても感謝された」

「パソコン教室の試験に合格」

「子育て頑張ってるね、と自分に言い聞かせてる」

「図書館で収納についての本を借りて来て家の中を片付けた」

「PTAの役員の仕事頑張ってる」など。

その中で一人だけは「やれていない」と沈んでいる。

「今とても辛い状態。うつがひどく朝早く起きれない、唯一自慢だった掃除もできなくなった。幼稚園長、担任などに自分の病気のことを話したら、お弁当を代わりに作るとか、延長保育を提案してくれた。でもどこまで本気なのか、頼っていいのかわからない」

「そうよね。自分でやるべきことを任せていいのか」

「またかと嫌な顔をされるのも怖い」などと、意外にも同じ不安を抱くという。

姑の干渉に悩んでいた人だけは「姑と、とことん話をして自分たちの人生に関わらないでほしいと言えた」とスッキリしていた。

七回目、一人入れ替わっての六人。

久しぶりに現われた人が「自分としての生き方を考え、自分のしたいことを優先するようになった」と言う。

前回幼稚園の好意に迷っていた人は「お弁当も延長保育もお願いした、久しぶりに一人で映画館に入り、とても感動した」と話す。

こうして夏休みに入った。

三年目秋（九月〜十二月）

施設の利用など

秋期はメンバーが六人に固定され、毎回四人以上の出席、1回目は五人だった。

「とうとう耐えられなくて子どもを施設に預けてしまった。自分が預けられて辛かったからそれだけはするまいと思っていたのに。ママと合わないから一日だけ行ってと頼んだ。可哀想で泣きながら連れて行った」

「私も預けたいけど、主人に言ったら、親に見てもらえと言うだろう」

「主人に相談したら止めてくれるかと思ったのに、『じゃ、預ければ』って言ったから」

なぜかここで笑いが起きる。

筆者「一日だけなら託児と同じでしょ。そのための施設だから気軽に利用すればいい」

「ここに来てる人は子どもを叩いたりしてる人ですか？」

「子育てで悩んでいる人」

「叩かないけど子どもが可愛くないとかね」

「だのになぜか親の話が多い。可愛がれないのは自分の育てられ方が……って人のせいにしてね（笑）」

「私は今までで一番体調が良かった。遠くへドライブしてもパニック障害が起きなかったのは初めて」

筆者「ところでプログラムには、十二月の終了までに自分がどうなっていたいか？と書いたんですが」

「少しでも娘とうまくやって行ければいい」

「人の話を聴いてあげられるように。そのために身体を強くしたい」

「今はただダルい。下の子を抱っこする気力もないから、少しでも動けるように」

「子どもたちの写真の整理をやり終えたい、家の中の整理も。埃だらけで……」

「私は埃は見ないようにしている。それはいいけどこの間娘と旦那の前でやり合ってしまった。自分が理不尽なのはわかっているが止まらなくなった」

「そういう時、本当は親に言いたいことを子どもに向けているって本には書いてある」

「親に限らず誰かへの不満を一番弱い子どもにぶつけているんだってね」

「親がうちの子を見て、あんたは一回言ったら聞いたのにこの子は聞かないねっていう。それはお前の言い方がひどかったからだよって言いたいけど言えない。逆らったら殺されると思ってたもの」

「かといって親に恨みをぶつけたら今度は老人虐待って言われるしね」

「みんな同じ。私たち子育て乗り切ったら親にも優しくなれると思わない？」

「親に優しくなりたいとは思わなーい！」

筆者「皆さんは反抗できなかったけど、お子さんたちは反抗できる、それは皆さんが親よりずっといい子育てをしてきたということよね」

「反抗する方がいいんだって、頭ではわかってるけど、されると腹が立つ」

「一つだけ思ってるのは、子どもが親になって子育てが大変だって言うとき、『大変だよね』って共感してやりたい。『みんなやってきた』とか『子どもってそういうもの』とか言わずにね」

「友達に子育ての悩みをメールしたら『自分で産んだ以上育てる責任がある』と返された。悩みはここの人たちだけに話す」

「アドバイスされても役に立たない。欲しいのは、ウン、そうだよねって、肯定してくれるコトバ。私も少し物事を肯定的に見れるようになって来たと思う」

「子どもにカッとなっても、二週後にここで話せると思って自分を抑えられる」

「二週間先の「みみずく」を楽しみに生きている。ニンジンぶら下げられた馬みたいに」

筆者「みみずくがニンジンになれて光栄です（笑）。ショートステイの利用はちっとも悪くない、むしろ勇気があったと褒めたいと思います」

「負い目を感じる必要なんてないと思う」

「子どもは親の監視から逃れてむしろいい時間になる面もあると思う」

「施設の雰囲気もあるから、施設を選べばいい」

「もう少し楽に考えてもいいんでしょうか？」

一同「そう、そう」

親と自分・自分と子ども

2回目、四人出席。

「母親につい子どもの愚痴を話したら『あんたが悪いからだ』と言われた。自分が親に一度も褒められたことがないことに気付いた。自分は子どもを褒めようと努力しているがうまく行かない」

「夫の誕生日に義母を招待したら、子どもがはしゃいで義母にうちのことをいろいろ話す。それだけは絶対言ってほしくないことを言いかけたので思わずバコンと殴ってしまい、座が白けた。後で、『あのことだけは絶対おばあちゃんに言ってほしくなかったのよ』と言って謝った。子どもは『わかったけど、そんなこと子どもだからわかんない』って」

「子どもに謝ったのは偉いと思う。自分にその発想はなかった。見習いたい」

3回目は六人。

「ずっと話したかったのだけど、私は上の子には触れるのも嫌。そういうのって私だけ？　欲しくて欲しくて生まれた子で初めは可愛かったのに、一歳半くらいから自己主張の強い子で、だんだんダメになった」

「私もよ。下の子はいいけど上の子は嫌、目も合わせたくない、だのにその子は寝る時は私の肘に触らないと寝ないの」

「娘が同じ空気を吸うのも嫌な時があった。でも小学校に入った頃からだんだん大丈夫になって、今は平気」

「私も上の子はダメ。子どもも感づいていて、『ママは○○（弟の名）の方がいいんでしょ？』と言う。でも、私の母親がある時真剣に私をどれだけ愛したか話してくれた、反抗されて悲しかったけれど理解には時間がかかると思って我慢したって。それからは我慢して娘をダッコすることにしたの」

指先を怪我している人がいて「試し切りをしたら血が止まらなくなった、死にたいとは思わないが切るとスッとするのでついやりたくなる」というのが気がかりだったが、話がそちらに発展せずそれきりになった。

この後4～7回はいずれも出席者は入れ替わりつつの四人だった。「いい言葉を見つけたの」と言ってコピーしてくる人（心の権利十カ条……自分自身である権利、自己表現する権利など……）がいたり、転園させたい人への情報、その結果申し込みをした話など。また、「障害児の診断が出たら怒らないですむ」「自分の育て方のせいでないとわかれば優しくできる」「心理相談で『お母さんのせいじゃないよ』と言われて救われた」などの話。

「小学生の娘が涙ぐんで帰ってきて、知らずに踏んづけたバッタが卵をいっぱい抱えていた、泣きながら道端にお墓を作って埋めたという、こんな優しさが育っていたのに感動した」という話に皆が感動する。

『愛』って何？

6回目。


「愛ってどういうもの？　皆に聞きたい。好き、嫌いはわかるけれど、愛ってなんだろう？」

「私もわからない。愛されて来なかったからかな？」

「母は私を愛してたとか、父さんを愛してたとか言うけど、なんか空々しい」

「とにかく一生懸命子どもに関わってきたのは確かだけど、母も一生懸命だったという。わからなくなった」

「昔の友人と会ってみて、なんか違うと思った。子どもがさみしそうなのに平気な人、義母がうつになったと言って、それを非難する人、私も6年かかってうつからやっと回復したところなのに」

「うつってどんなものなの？　私もそうかと思う時もあるけど」

「私は病院でやっと診断が出て、薬を飲み始めたところだけど、まだまだ辛い、自分の感情や行動がコントロールできなくなる」

「私もそうだった、周囲に理解されず、気の持ちようとか言われると腹が立つ。病気だとわかってもらいたいけど、人に完全にわかってもらうのは無理」

「夫は全くわかってくれない。家事ができていないと責める。暴力もあるけど、もう怖くなくなった」

「病院に行ったけれど、薬も合わなくて今は行っていない」

「私も気持ちにムラがあって……なまけ病かと思うことも」

「それは違う、そうやって自分を責めるのが一番いけないのよ」

「今は溌溂としている……さんをみると、私も見習いたいと思う。治る希望が生まれる。それで今気が付いたのだけれど、愛って、心の底から湧き上がってくるものなんだと思う。きっと心の底に敷き詰められていて、時間をかけて、湧き上がってくるんじゃない？」

筆者「皆さんの話を聴いていると、それぞれが家族への愛がいっぱいあるように感じました」

「いやあ、子育てって、いつまでも迷いますね」と終わる。


7回目は友人関係の話、8回目は子育て支援機関の話、子どもの一時預かりや通園支援などを上手に利用している人から情報を聞く。冬の間も集まりたいとの要望を受け、翌年一～三月の4回の開催を決めてこの年は終わる。

三年目冬（一月～三月）

初めての冬のグループは、継続の五人に新人四人が加わって、各回の出席数も六人、七人、八人、八人、託児も毎回六～七人と盛会だった。

新人の一人が自己紹介の途中で泣きだすと、「私も初めの頃は毎回泣いていたよ」「そうそう」「私も何年もかかってようやく話せるようになったのよ」と。また、子どもが騒ぐのを気にする人には『全然気にしなくていいから』「堂々と真ん中にいればいいのよ」など先輩が気を遣う。

子どものウソについて

子どもの行動やしつけについての話の中でウソについての話題が盛り上がった。

「子どもがウソをつくのが許せない」

「うちの子もよくウソをつく。どうしてだろう？」

「テレビで子どもの脳は未熟だから、空想を本当と思い込んだりするんだって」

「下の子はその段階だけど、上の子のウソは違う」

「私ね、子どもの頃自分が壊したものを『壊れた』って言って母に見つかったけれど怒られなかったの。それがずっと重荷で、もうウソはつくまいって思った」

「私は中学に入るまでウソつきまくり。友達に良く思われたくて、いいことばかり言ってた。中学からはそれが通用しないとわかって自然にやめた」

「私は母の前ではいい子を演じて偽りの自分しか見せて来なかった」

「放っておいたら子どもがどうなって行くのか、いつどう言ってわからせたらいいのか？」

その後はその頃話題の少年事件と重ね合わせ、子の将来を心配する。

「子どもの頃の話をしてくれて参考になった。私はそこまでさらけ出してないなと反省した」

「みんな悩んでる。それだけ真剣に子どものことを考えているんだよね」

筆者「皆さんそれぞれ本当に真剣に考えていらっしゃるのに感心しました。いろいろやってみて、これはうまく行ったということがあったら次回話してください」


次の回には「家族でワカサギ釣りに行って楽しかった」「夏はいい子だったのに……海やプールに行って楽しかったからなのか？　あの頃は私も子どもと接するのが苦にならなかった」「いくら強く言ってもダメなので、わざと優しく『片づけようね』と言ったら三割くらい片づけた。その後は目をつぶることにした。名付けて『マダム作戦』」「兄弟げんかの中に私が入るとかえってこじれるから、聞こえないようにチェーンソー用のヘッドホーンをつける」など良いことの発見や面白い答えが出てきた。

夫婦喧嘩と仲直り

年度末の三月は夫の話が中心になった。

「私が具合悪かったので夕方買い物を頼んだら上の娘だけ連れて出て行って、帰りが何と九時半！　娘にせがまれてゲームセンターで遊んでいたという。八時に寝かせなければならないのに何考えてるの！とケンカになった。もう我慢できなくて荷物をまとめて出て行こうとしたら、娘が『お母さんゴメンナサイ。これからは言うこと聞くから行かないで、行くなら私も一緒に行く』と言ってくれた。パパっ子だと思っていたので嬉しかった」

「みんな喧嘩したらどうやって仲直りするの？」

「私は自分から謝る。不快の状態でずっといるのが嫌だから」

「その日のうちに仲直りの話し合いをする。私はここが悪かったというと、向こうも俺はここが悪かったって言って」

「私はうやむやにする。心の中では『アンタが悪いんだよ』と思ってるけど、あえてさわらない」

「私もそんな感じだけど、解決してないからまたすぐ爆発する」

「夫の転勤が六月にありそうなんだけど、幼稚園のことが心配で……四月からならいいのに、グズグズ考えてると夫が怒り出す。子どももぐずりだして泣きたくなる。夫は泣いても解決しないだろうと言う。そんなことわかってる、一緒に考えてほしいだけなのに」

「辛いよねえ。そういう時」

「うちも転勤族で私は人付き合い苦手、頼るのは夫だけなのに、無口で何も言ってくれない。一言かけてくれれば救われるのに、ということがある」

「私はたまに朝、『会社行かないでー』と言ってみる。すると『八時まで待っててね』って言う」（一同『カワイイ！』と笑う）

「私も夫に支えてほしいなー」

「実家の父は決していい夫ではなかったけど、たまに会社の人を家に呼んだ後は『母さん、どうもな』って言っていた」

「うちの夫も、『どうもな』だけは言うわ。口先だけでもありがたい」

「自分がちょっとでも必要とされている、認めてくれていると思えたら嬉しいよね」

「夫婦って何だろう？」

「結局は他人だから」

「おなか痛めて産んでも、言うこと聞いてくれない子はどうなんだろう？」

「うちは家族四人だけどみんな他人」

「『我が家』っていう感じが持てないのよね」

「何度孤独を感じたことか！　家が燃えているのに、周りの人はみんな『もうじき春が来る』とか言ってて、何もわかってくれない。何度も夫にすがって、足蹴にされてやっとわかった、お金かかっても他人に頼る方がいいって」

「いるから当てにしちゃうのよね」

「母子家庭なら夫に手がかからないのに[注1]って思う」

「(子育て中の) 今が一番いい時よ、って周りから言われるのが一番腹立つ」

「シッターさんとか、子育てセンターとか、頼めるところもわかった」

「使ってみてどうなの？」

「意外と良い感じ。特に、良い人に当たると救われる」

筆者「そういう所はどんどん利用するといいけど、旦那に言ったら少し変わってくれたという人はいないの？」

「去年バーッと言ってから、少しやってくれるようになった」

「うちはやってくれる方だとは思うけど、私の要求が高いのかな？」

「うちも」

「やってくれることが、こっちの望むことと違うのよね」

「子どもと遊んでくれるのはいいんだけど、私がオシメ変えたりしていることに、せめて大変だねと言ってくれれば……」

「話し合って、自分のことは自分でやることにはなったけど……」

「うちは何もしないなあ。でも私自身もあまり変わってないから言えない……」

「夫や子どもは自分の鏡なんだって。向こうがイライラしてる時って、先に自分がイライラしてることが多い」

「かもね」

筆者「どうなればいいのかな？」

「いい所見ようと思ってもねえ」

注1　この時期、メンバーに母子家庭の人はいなかった。ここでは単に夫への不満の表現としてお許しいただきたい。

「自分のことできない旦那を見て、子どもはちゃんと教えなきゃって思う」

「(夫は) 子どもが言うと聞いてくれるのよね」

「うちはそれをやると、子どもが攻撃される」

「人の気持ちわかるように育てられてこなかったのよね」

「みんな旦那に対して思ってることは同じなのね」

「みんな同じこと考えてるとわかった。自分自身がハッピーにならなくちゃね」

「息子のためと思って自分が空回りしていたことに気づいた。今日来て良かった」

「良いことがあったのに忘れてました。この前息子が暴れて『大嫌い』とか叫んでいたけど、ギューッとダッコして『大好きだよー』って言ってやったら、最後に『ダッコ』と甘えてきたんです」

「子どもに選択肢を与えるのがいいと以前に聞いて、『これにしなさい』の代わりに『これとこれどっちにする?』というのをやってみたら少し落ち着いてきました」

「今日も楽しく話せました。少しずつ解決してるのかなって。ここで話すと、気分が晴れて、また頑張るぞって思えるから」


みんな少しずつ、自分なりの解決を見つけ始めている……と安心しかかった矢先、最後の人の発言に打ちのめされた。

「自分がハッピーになれるといいんだけど。最後に五分だけ話しさせて。このまえ実家に帰った時、母にひどいこと言われたんです。昔から私はいい子ちゃんで母の聞き役だった。でもこの時は母もうつがひどくて、うちの子に当たりだしたので、父と私と子どもだけで映画を見に行った。帰ってきたら母がひどく怒って、『私が死ぬのを待ってるんでしょ！』とまで言われたので、悲しくて悲しくてずっと引きずってます。親子じゃなかったのかって」

みな「大変だねえ」の他にかける言葉もなかった。筆者もなんと返したのか記憶も記録もなく、「結論は出せない」とのメモだけが残っていた。

四年目春・秋・冬

メンバーはほとんど変わらない八、九人のうち毎回五人前後の出席があった。コ・カウンセラーのK・Kさんが来られなくなり、筆者と同世代のY・Oさんが入られる。託児も毎回三、四人、こちらのスタッフも若い人三、四人が常に来てくださって助かった。

FAXの寄せ書き

春期の3回目、欠席するメンバーからこんなFAXが届いた。

「今日はどう頑張っても起き上がれず、さっきから悲しさと情けなさでいっぱいになっています。みみずくだけはどんなにだるくても頑張れたのに……みんなの顔が浮かんで……行きたーい、でも動けなーい。皆様にどうぞよろしくお伝えください。次回は頑張って行きます」

たまたまこの回は早めに切り上げ、筆者が直前にワークショップで仕入れてきた催眠によるリラクゼーションを行った。終了後、皆で寄せ書きをすることになった。

「今はなんにも考えずに寝なさいよ！　みみずくは次回もその次も、次の次もある。心と身体を安めるのを第一にして。羊が一匹、羊が二匹、だんだんねむくなーる……」

「グループで会えず残念です。キティちゃんの（ＦＡＸ）用紙カワイイね。ゆっくり休んでください。ゆっくり、のーんびり……」

「体調が思わしくないみたいで大丈夫ですか？　ゆっくり休んでね。また会える日を楽しみにしています。お互いにゆっくり、のーんびりで行こうね」

「グループに来てないときも、『どうしてるかなあ』と貴女は他の方のこと考えてますね。グループに来なくても支え、支えられてますよ、大丈夫。また顔を見るのを楽しみにしてます」

「休養さんが、欲しい欲しいと言ってます。おふとんにすっぽり包まれ、元気さんが出てくるのを待っていると快復、快復……またお会いしましょう」（Ｙ・Ｏ）

「今度貴女が来られた時、みんなでリラクゼーション（リラックス）の練習をしましょう」（筆者）

5回目の朝、またＦＡＸが届く。

「先日から心配ばかりかけてしまってごめんなさい。ようやく気分的には少し上がってきたのに、『弱り目に祟り目』、子どもの風邪がうつって三九度の熱でダウンしています。

今日こそは皆さんに熱いハグをして[注2]……と夢見ていたのに。この間のＦＡＸ本当にありがとうございました。皆様一人ひとり素敵です。すごーく愛してます。今度は逆に何かあったら、私がドーンと受け止めますから安心してね。良い友達が持てて本当に幸せ者だと思いました。一人じゃないんだ、何もないはずの暗闇に手を伸ばしたら、皆の温かい心があった。感謝です」

集まったメンバーの話題は相変わらず、子どもを可愛がれない辛さ……幼稚園などから子どもの行動を見て「愛情が足りないから」というニュアンスの忠告が辛いという。「そんなことわかっている、叱るのをやめたい、でも……」といつも明るく皆を笑わせていた人が涙を見せたのが印象的だった。

新しいチーム・ワーク

秋の初回、一人のメンバーが「母の再婚相手（養父）の行動がずっと嫌だった。母のいない時に私の入浴などをのぞき見していた。十歳からそういうことがあり。十八歳で家を出た。今もその人が嫌で、絶縁している。母がその人を選んだことも許せない」

別の人がすぐ「私も母親の干渉が許せなくて母と絶縁した。その寂しさを子どもや夫との対話で埋めている」とフォローしてくれた。

注2　いつからいつまでかハッキリしないがこの頃、メンバーからの提案で毎回帰り際に全員でハグをし合って別れるという儀式（？）をやっていたようだ。

終了後、この件をめぐって、コ・カウンセラーのY・Oさんと話し合う。

Y・O「明らかな性虐待。メンバーがフォローしてくれたのは良いが、私なら①夫婦の関係には子どもが立ち入れないこと、②お母さんが貴女を捨てたわけではないこと、③お母さんなりにいろいろ苦労があったのだろう、と伝えたい」

筆者「①と②は賛成、③はお母さんを弁護――母の側につくのかと思われそうで言わない」

Y・O「グループでは言わないが、個別面接をした方が良くはないか？」

筆者「本人から申し出があればするが、こちらから持ち掛けることはしない」

Y・O「母親への恨みもあるし、世代間伝達の恐れが大きい」

筆者「仮説としてこちら側が押さえておくのは良いが、あえて伝えるべきかどうか？　その問題を扱うべき時は本人が決めると思う」

Y・O「了解。接近方法は違うが、考えていることはそんなに違わないことがわかって安心した」

という訳で、アプローチは違っても二人の息はこの後ぴったり合って行った。

次の回、当のメンバーからあっさり「実は母と和解した。養父のいない時、母だけを呼んで、私が嫌いなのかとハッキリ聞いてみた。そんなことは全くない。父親がいなかったから人から悪く言われないように小さい時は厳しくしつけた。嫌いと思われていたとはショックだ。最近は愛情込めて話しているつもり、と言われた。最近は孫が可愛いから接近してきたと思っていたが、『一番かわいいのは自分の子ども』と言われてスッキリした。よかった」と言う。また、自分は娘が嫌いだと思っていたが、よく考えると、良い所もありそこは好きだと気が付いた。それを娘に話してやったら、涙を流して喜んでいたと言う。

早速Y・Oが「よかったわね。この前私が言いたかったのは、お母さんが今のご主人を選んだことは、あなたを可愛がらないことじゃないってことなの」とフォローしてくれた。

次の次くらいの回に、久しぶりに現れた人がずっと以前にやはり母親と絶縁していた話を思い出し、それとなく聞いてみると、今は適当な距離を置いて付き合うことができるようになったという。随分落着いた感じで、服装もシックな黒で（以前はピンクなどが多かった）、「大人になったねー」と冷やかされている。

母と子、親に育てられた自分と自分の子育て、これらは切っても切れない、永遠の課題であるらしいが、問題があっても克服可能であることも確かなようだ。

5回目はあるメンバーが「私、なんで子ども産んだんだろう？って思ってしまうんだけど、皆さんはどう思ってるの？」と問題提起。

「今日も二人連れて歩きながら考えてた。どうしてこの子とこの子がいるんだろう？って。だけど自分の中ではジグソーパズルのピースがまだ一個足りないって感じ。六十になった時子孫が多い方がいいかな？って考えてる」（現在妊娠三カ月）

「苦労して育てたって、遠くに羽ばたいて行っちゃうのに。二人目は考えられない」

「おなかに入ってる時って、自分の思い通りのものが出てくるって思ってるのよね。全然そうじゃなかったけれど、でも三人目が欲しくて生んだ」

「確かに、赤ちゃんは可愛いなって思う時もあるけれど……」

「ほしいと思って産んだのに、今は後悔ばかり」

「産む前は、言うこと聞いてくれる可愛い子どもってイメージなのよね」

「そうそう、ちらっと見るよその子はみんなカワイイ」

「子育てが大変だって聞いてはいたけれど、勉強すれば何とかなると思ってた。でも答えはないって、初めてわかった」

「頑張っても、頑張っても、誰も評価してくれないしね」

「思い通りにならないのが子育て……」

「だけどね、やっとこの頃、他の子と取り替えたいと思わなくなった。うちの子でいいやって思う」

毎年同じ話題が出るけれど、同じメンバーから出てくるトーンは少しずつ違ってきている。

〆《しめ》のスケーリング・クエスチョン

十二月の最終回に久しぶりにスケーリング・クエスチョンをした。
筆者「そろそろまとめの時間ですが、今日は最後にちょっと変わった質問をします。皆さんが『みみずく』に来る前の状態をゼロ、もうみみずくに来なくてもいいと思える状態を10としたら、今はいくつでしょうか？そして、そこまでよくなってきた部分は何か、順番に答えてください。それと来年の課題もね」

「私は半分くらい良くなった。あのままなら子どもを褒めることができなかった。いまは褒めるし、子どもも先の見通しを立てて説明すると言うことを聞いてくれるようになった。『今食べちゃダメ』ではなく『お家に帰ってから食べようね』と言うと『わかった』という。だから子育ての部分は良くなったけど、あとの半分の自分のことがダメ。自分を好きになれない、自分を認められない。『アンタはダメ』と子どもの時から言われ続けてきたのが染みついている」

筆者「半分だから5とすると、6になったら何が変わるかな?」

「難しい。さっき……さんが、子どもと言い合いした後自分から謝るって言ってた話、あれからやってみたい」

筆者「たとえ子どもが悪くても、怒った自分も悪いし、悪くなくてもここは謝る方がうまく行く、と思って演技するってことね」

「はい。女優になるんだって言ってたでしょ? 来年は私もそれに賭けてみる(笑)」

筆者「良いですね。では次の人?」

「一年前、子育てが辛くてここに来て、三割しか子どもを可愛く思えないって言ったら、先生(筆者のこと)がそれでも良いと言ってくれて楽になった。障害児かも? って思って虐待しそうだった。『もし障害児だったらどうなるの?』って先生に聞かれて、はじけたんです。障害があってもなくてもこの子はこの子、って思えた。子どもが成長して喋れるようになり、子育ての辛さは乗り越えました。昔は『なんでこんな子?』と思っていたけど今は個性として受け入れられる。子育てから逃げ出したいと思っていたけど、今はこれで良い、将来どんな風になるのかな？と楽しみ。……さんが前に『将来の実りが多い方がいい』と言っていたのがヒントになった。だから、前は3点で、今は5、6点かな？　下の子が魔の二歳でイヤヤがひどくて、パチンとやってはゴメンと言ってる状態。他にも介護疲れや、親をどう受け入れるかの問題もあります」

「私も初めて来たとき、『当りが悪い、なんでこんな子が？』と思っていました。自分だけが不幸だと。そしたら、自分の子どもを好きになれずに苦しんでいる人がこんなにいるとわかって救われました。その時点で3点。それまで自分は正常ではないと思っていたから。今でも子どもを好きとは言えないけど先延ばしして、もっと大きくなれば、大人になれば好きになれるかも？って思ってます。3点から先進歩がないんだけど。でも子ども二人では足りないという思いもずっとあって三人目が生まれたらジグソーが完成。生まれてから後悔するかもしれないけど、どうなるか、それが来年の課題です」

「私が来たのは六年前、どうしてこんな子が？　と思って。自分の思い通りの子にしたくて、ならないのに苛立っていました。今は子どもも成長し、自分も落ち着きました。三人目は理想の子と思っていたのに、去年の冬いろいろあってドカンと落ち込んで0以下になって病院に行ったり。でも今日は気分もいいので6か7です。子どもの成長もあるし、私も少し成長して他人を羨ましく思わないようになりました。近所に理想の家庭があって、ずっと羨ましく思っていたけど、そこの子とうちの子を取り替えたいとは思わない。でもその一方で、テレビでタレントが『子どもが可愛くて……この子には私が必要なの！』なんて言ってるのを、ウソだよねえと思って見てる」

「そういうの見た若い子が結婚して子ども産んで『こんなはずじゃなかった』ってなるのよね」

「子育ての両面をちゃんと伝えてほしい。私は来年は下の子が幼稚園で日中一人になれるのが楽しみ」
「でも、一〇年も子育てしてきたなんて、すごい！」
筆者「皆さんそれぞれがハッキリとご自分の進歩を認識していて、それをはっきりと語ってくださったのに感激しました。子育て支援などの集まりでこのことを話して、こういうグループがあちこちにできるように伝えていきたいと思っています」
Y・O「今日はとてもいいお話聴かせていただいて私も感謝しています」

その後のグループ

その後も毎回三〜六人の出席で熱心で活発な話し合いが続いた。もう大丈夫だから卒業、離婚を決意して親元の町へ帰る、夫の転勤、などの理由で去って行った人々がある一方で新しく参加する人もあり、多少入れ替わりつつ、コアのメンバーは一〇年近く通い続けたのではないだろうか？　趣味や習い事を始めた、仕事についたなどのニュースをもたらしながら、だんだんと足が遠のき世代交代していった。その後も年賀状はもちろん、成長したお子さんの写真、成人式の晴れ着姿などの添付されたメールを下さる方も多い。今でもたまに一人、二人と訪れ、若い世代のメンバーに助言や経験を語り、時には笑いを振りまいてくれるのもありがたい。

今回記録を読み返しながら、いろいろな感慨が浮かんだ。本当にいろいろなことをよく話し合ったメンバーだった。各自がそれぞれの重荷を背負いながらみんな頑張っていた。世間が女性たちに望む理想の母親像の理不尽さも痛感した。

さまざまな理由で負荷の多い境遇に置かれた人たちにとって子育ては難しい課題となる。子育ての悩みは独立した問題ではなく、自分の育ち、親との関係、夫婦関係、近隣など周囲の人間関係と密接に絡み合っている。それらを語り合うことだけで問題が解決するわけではないが、お互いに理解し、共感し、支え合って行く中で乗り越える力が生まれ。自己理解が進み、子どもへの感情も、行動も変化してゆく。子どもの成長とあいまってそれぞれが自分らしい生き方へと進んでゆく姿を見せてもらった。

令和に入った現在もグループは継続している。コ・カウンセラーは、U・Tさん、M・Fさんに交代した。曜日も固定して月曜グループと改称した。幼児教育の低年齢化や児童デイサービス等の普及のせいか、託児の需要が減ったので、学生スタッフの募集をやめ、記録とたまに生じる託児はコ・カウンセラーにお願いしている。

第五章　一人ぼっちの魂の叫び（詩集）

野生のみみずく

子育てに悩み、「みみずく」へ相談に来られる方々のすべてがグループに参加される訳ではない。一回あるいは数回の面接の結果終了される方、長期にわたって個別相談を続ける方、途中からグループへ移行する方、グループと個別の両方に並行して来られる方などさまざまである（第七章および資料7-1〜7-4参照）。

それらグループに参加しない方たちについても一つの章を予定していたのだが、どのような形で取り上げるのが良いか迷っていた頃、突然こんなメールが飛び込んできた。

なぜか今日突然、言葉が溢れてきたんです。
詩の作法は知らないから、ポエムでしょうか……？
けっこう素敵だと思うんですが、先生は如何思われますか？
匿名で、どこかに発表したい気分です。

それに続いて次のような詩があった。

無題

過去を振り向いても、温かく思い出す人も、思い出もない
未来を思い描いても、孤独しか見えてこない
ならば今の暮らしのなかに、愛を見つけよう
小鳥が小枝をついばみ、少しずつ自分の居場所を作るように、
わたしもまた今の暮らしのなかに、少しずつ愛を見いだし、自分の居場所を作っていこう

誰にも踏み込めない、誰からも奪われない、わたしだけの秘密基地
温かく愛と感謝に溢れた、わたしだけの居場所
季節、天気、出来事で、わたしの心は揺れまどう
どんな季節でも、どんな天気でも、どんな出来事が起ったとしても、
わたしは自分の心のなかにある秘密基地で温まり、癒される

どんな気持ちを味わっても、もうわたしは一人ではない

だからわたしはもう、孤独ではない
いつでも、どこでも、どんなときでも、わたしにはわたしがついている
わたしには、わたしという一番の味方がいるから

メールの発信者は個別相談でもう十数年のお付き合いが続いている風光星花《かざみほしか》（ペンネーム）さんだった。星花さんとは、子育ての悩み、虐待危惧、家族問題、学校問題などさまざまな悩みについて、電話相談、来室相談、メールなどの形で断続的に関わって来た。その都度ご自分なりに納得して相談を終えられるのだが、しばらくたってからまた新たな問題……二番目のお子さんのこと、他機関や学校との意見の相違などが起こる。突然「死にたい」というメールや電話、面接申込みが来たりする。強烈な個性であちこちと衝突することもあったが、行動力もあり、種々の治療・相談機関も利用しながら自分なりの解決を見つけていく力もあった。ＰＴＡ活動などでも奮闘してきた。パートだが再就職も果たし、営業成績も上げ、自信を取り戻し落ち着いていられると思っていた。

若い頃美術の勉強をしたことは聞いていたが、彼女と文学の話をしたことはなかったのでちょっと驚いた。彼女が何か新しい境地に達したように感じられ、嬉しかった。励ましの返信を送ったところ、なんとその後次々と数十篇の詩が送られて来たのである。

その内容は、深い孤独感を別にすると、グループのママたちの会話とそっくりだった。自分の生い立ちにおける満たされない感じと、生き方の不全感、子育ての不安等が密接に絡まり合い、悩みながら自分なりの

解決を探っている。

そのことに気づいた段階で、この章を彼女の詩集のような形で構成したいと思った。彼女に相談したところ、将来自費出版という夢もあるのでそれに支障が起きない限り、という条件で承諾され、前記のペンネームも考えて頂いた。

彼女の送ってくれた詩の中からこの本のテーマに関係のある十四篇を選んだ。したがって、ここに掲載された詩はすべて風光星花さんの作品である。

一人ぼっち

私はずっと一人でした

ずうっとずうっと、一人でした

もしかしたら、生まれたときからずうううっと、

一人ぼっちだったのかもしれません

誰かと繋がった感覚を、抱いたことはありません

いつもぷつんとしてました

ぷつんとしてて、ひゅーひゅーと

乾いた風が吹いていました

宇宙に行っても、一人ぼっち

地球にいても、一人ぼっち

お家でも、学校でも、職場でも、やっぱり一人ぼっちでした

だから私は、人と繋がる術を知りません

寂　寥

秋になって、日暮れがはやくなると
毎年私は、悲しくなるのです
秋になって、日暮れがはやくなると
毎年私は、寂しくなるのです

まるで私の人生までもが、終わってしまったかのような
これまでの一切合切が、全て失敗であったかのような
そして私の人生が、なんら価値がなかったかのような
そんな思いを味わうのです

ぼんやりと、何もない原野に立ち尽くし、冷たい風に吹かれているかのような
言葉にできない苦しい思いが、胸に込み上げてくるのです

そして、心の温かな柔らかい人から

きゅぎゅぎゅっと抱きしめられることを
子どもの頃からずっと
待ち続けているのです

魂の願い

私は、大切にされたかったのです。
人生の最初に出会った人たちに大切にしてもらえなくて、悲しかったのです。
ただただ、私は悲しかったのです。
悲しくて、心が叫んでしまったのです。
悲しくて、心がこわれてしまったのです。
悲しくて、心が凍ってしまいました。
優しい男の人が通りかかって、私を救ってくれたのです。

だけど、その男の人は神様ではなかったから、やっぱり守りきれなかったのです。
それで私はまた、氷の世界に戻ってしまいました。
それでも、その男の人は、ずっと私の手を、握ってくれていたのでした。
ずうっと、ずうっと、何十年間も、その男の人は私の手を握り続けてくれたのでした。

そしてとうとう、私の氷は解けて、温かな世界に繋がったのです。
空は青く、キレイな鳥がさえずり、美しい蝶々が飛び交い、いい香りのする色とりどりの花が咲いています。

気持ちの良いそよ風に、髪をなびかせながら、私はその男の人と並んでたっているのですが、
それでもまだまだ心の奥で、もっと大切にされたかったという願いが、心をちくんと刺すのでした。

責　任

幼い頃からずうううっと、お母様は私に言うのです

貴方がいなかったら、お父様とは別れていたわ
ずうううっと、ずうううっと、言われ続けて、
大人になるまで、言われ続けて
私は、人の迷惑になる存在なんだなと、思う大人になりました
雪が降るのは私のせい
雨が降るのも私のせい
虹が出るのが誰のせいかなんて、そんなことは知らないわ
私がわかっていることは
お母様が幸せになれなかったのは、私のせいだと言うことなの

どうしてなのかはわからないけど
お母様が幸せになれなかったのは、みんな私の責任なんです

女

中学生の時
美術の教科書で
女という彫刻を見ました

裸の女の人が後ろ手になり
台座の上に両ひざをついて
天を仰いでおりました

私はがーんと心をうたれ
あぁまさしく女だと

深く深く思いました

自分の足で立ちたいのに
いろんなしがらみに縛られて
生きたいように生きられない

そんな女そのものを
表しているように見えました

そんな風に当時の私に思えたのは
もしかしたら
母の不幸な結婚を
毎日毎日
見せつけられていたからなのかも
知れません

女の子

ふとした時に手があくと
ふらりと女の子が訪れます

その子はいつもうつむいて
立ち尽くしているのです

女の子の抱える寂しさが
私の心にリンクして
なんとも言えない苦しい思いが
胸に込み上げてくるのです

誰かに抱き締めてもらいたい
あなたはとっても大切なんですと
温かくささやいてもらいたい

見果てぬ夢を抱いたままの

女の子は今日も
私の心に立ち尽くしているのです

幸せ

若い頃
どうせ生きるしかないのなら
少しでも幸せになりたいと思いました

だけど
幸せがなんなのか
わかりませんでした

とりあえず
幸せと言われているものを
全て手にいれることにしました

結婚してみました
旦那さんは優しかったけど
親戚の人たちは意地悪でした
旦那さんは知らんふりしていました

赤ちゃんを産んでみました
いつもぎゃーぎゃー泣いていました
協調性というものが
全くありません
テレビのCMで見る赤ちゃんとは別物です
うんちも緑色で
謎の生命体でしかありませんでした

旦那さんに家を建ててもらいました
火事になったらどうしようと
びくびくしました
それに

近所の人達と
一生付き合っていくことになるんだと
気が重くなりました
住宅ローンも重かったですしね

幸せって何だろう
いつもいつも考えていました

ある人が
心の充足感だと言っていました

そうだとすれば
そもそも私は
生きていることが好きではないので
幸せになれるはずなんて
なかったのです

生まれてきた子どもたち
ごめんなさい
お母さんが幸せでなくっても
子ども自身の力で
幸せを見つけることなんて
出来るのかな

わかんないや

母親

世の中の全ての人たちは
限界になったら逃げることを
許されているのに

母親にだけは
許されません

どんなときでも
子どもを愛さなくてはなりません
どんな子どもでも
上手に育てなければなりません
母親なんだから

母親なんだから

母親は
人であってはならないのでしょうね

母親になんて
ならなければ良かった

子ども

子どもはすっかり大人になりました
着替えもハミガキもお風呂も
一人で出来るようになりました
大学も一人で通っていますし
独り暮らしもしています

学費以外はもう
私の手を離れたのです
なのになぜだか困ったときだけ
私にラインが来るのです

親だからって
何でも知ってる訳じゃないのにね
親だからって
してあげられることには限りがあるのにね

それでもやっぱり親なので
知らんぷりも出来ません

頑張っているんだね
よくやってるよ
あなたは私の自慢の子よ
思いつく限りの励ましを口にします

子どもは無言で聞いているのですが
心が揺れてる気配がします

立派な人間だから
親になれた訳じゃないのにね

どこにでもいる
取るに足らない人物なのにね

そんな人物に過ぎない私でも
子どもにとっては
たった一人の母親で
苦しい時には認めてもらいたい
認めてさえくれたら
また自分の足で生きていけるよと

こんな程度の私のことを
心の支えにしている我が子が
いたって不憫に思えました

否　定

これまでの人生で
沢山の人達から
否定メッセージを頂きました

ありとあらゆる人達から
本当に沢山の
否定メッセージを頂いたんです

体型

顔立ち

言動

性格

ある時期からは年齢とパートナー不在
否定メッセージを頂かない人達からは
哀れみか無視を頂きました

それで私も
無条件で自分を否定しました

呼吸をするだけでも
二酸化炭素を排出しますから
人にも環境にも害になる存在
本当についこの間までそう思っていました

だけど
だけどですね

人間て
人の欠点の方が気づき易いんですよね

人の良い点は
案外気付かずにいたりするんですよね

ですからね
私はそんなに人からの否定を
真に受けなくても良かったのかなと
この頃ちょっと思うんですよね

結　婚

私は、ダイニングテーブルに座って、手仕事をしていました。
夫は、その向かい合わせに座って、ノートパソコンを開いていました。
それぞれが、別々の世界に繋がっていたのですが
顔を見ることも、息づかいを感じることも、出来ました。
結婚て、案外こういうものなのかも、知れません。

自己肯定感

ある時何気なく
かねてからの知人が
お子さんが
生まれつきの障害を
お持ちであることを
話してくださいました

目尻を下げられて
いとおしそうに
お話しして下さり
聞かせていただいた私まで
心が温かくなりました

こんな大切なお話を
聞かせていただけるなんて

私を人間として
認めていただけたような気がして

少しは私も
自分を肯定してもよいのかな
そんな風に思いました

初めての赤ちゃん

赤ちゃんは
赤ちゃんの都合で
泣いているだけなんです
お腹が空いたよ
喉が渇いたよ
おしりが濡れて気持ちが悪いよ
暑くて汗をかいちゃった
寒いよ

寂しいの
甘えたいの
心細いの
いろんな要求を
全て泣いて表現するんです

私だって
昨日初めて
お母さんになったばっかりなんです
赤ちゃんなんて
テレビのコマーシャルでしか
見たことなかったんです

テレビの赤ちゃんは
いつもにこにこ笑っているのに
私の赤ちゃんは
泣いてばっかりいるんです

育児書を読みながら
一生懸命
お世話をしてるんです
それなのに
赤ちゃんはわかってくれないんです

ギャーギャーギャーギャー
ギャーギャーギャーギャー

まるで殺されそうな勢いです
そんなに
私が気に入らないのかな
そんなに私はダメママなのかな
お前なんか母親失格だ
お前なんか認めないぞ
赤ちゃんの泣き声が

そんな風に聞こえてくるんです

私だって
夜も寝ないでお世話してるのに

これ以上
私を否定しないで
私はただ
泣き止んで欲しかっただけなんです
虐待しようなんて
思ってもいなかったんです

もう
どうにもならなかったんです
これ以上
耐えられなかったんです

それでいいんだよ
誰だって初めから上手くは出来ないよ
子どもと一緒に成長しようね
ほらほら大丈夫だよ
赤ちゃんはお母さんが大好きなんだよ
自分を責めないで
母乳なんて出なくてもいいんだよ
紙おむつで育てていいんだよ
大丈夫
大丈夫

お母さんのところに
生まれて来れて幸せだって
赤ちゃんは思ってるよ
だから本当に大丈夫
何にも心配要らないよ
お母さんの育て方でいいんだよ

お母さんの思った通りに育ててごらん
お母さんが自分を信じたら
赤ちゃんも
自分を信じられる子どもに育つよ
大丈夫だからね
何にも心配要らないよ
きっといい子に育っていくよ

お母さんの赤ちゃんなんだから
いい子に育つに決まってる
安心していいんだよ
お母さんのまんまでいいんだよ

あの時
一人でもそう言ってくれる人がいたら
子どもはこんなに

苦しまずに済んだのにな

※　　　※

今も彼女の詩作は続いている。

最後の一篇は、この本の出版の主旨を聞いてから、現在子育て中のママたちのために書き始めたが、書いているうちに自分の過去と重なってしまったという。悩みが消えたわけではないが、今の自分が好きだし、誇れる部分もあるとのことである。

彼女にとって詩を書くことが解決になるのかどうかはわからない。しかし、とにかく言葉が湧き上がり、あふれてくるのだという。書いて行くうちに何かが少しずつ変っていくのではないか。そんな予感がする。

第六章　グループ21（思春期以降の子を持つ母のグループ）

もう一つのグループ

最初のグループ発足から約十年後、他機関の心理士から「みみずく」のグループについて、思春期以降の子をもつ親も参加できるかとの照会があった。とりあえずご本人と面接してお話を聞きしたが、やはり、幼児や小学生の子どもたちとは問題も悩みの内容も違うことから、別のグループを作る方が良いと思われた。ご本人の周りにも、同様の悩みを持つ方が何人かいるので紹介したいとの申し出もあった。当方にもちょうど同年齢のお子さんの相談で来られていた方があったので希望を聞くと参加してもよいとのこと、こうして新しいグループを始めることになった。

以前からのグループも、途中から月一回のペースに落としていたので、こちらも月一回とした。お子さん

３人

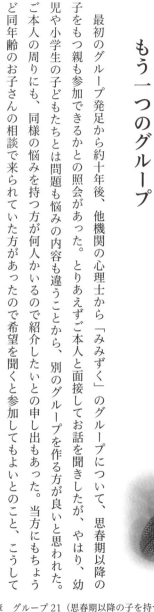

の年齢が二十歳前後の人が多いのと、もう二十一世紀に入っていたことから「グループ21」と名付けた。グループのルールはずっと壁に貼りだしたままなので、それをそのまま踏襲する。

プログラムも同様であるが、時間は月曜グループも二時間に延長していたのでこちらも同じにした。働いているメンバーもおられたので、土曜の二〜四時とした。学部四年生のS・Aさんが八月まで記録係として参加してくれた。

初年度（七月〜翌年三月）

初回

七月、初回の集まりは三人。自己紹介から、グループへの期待、今日話したいことなどを少しまとめて紹介する。

「二十一歳と十九歳の娘二人がいます。夫は単身赴任なのでずっと一人で子育てして、いろいろ悩んできました。上とは気が合うのですが、下の娘の性格が……怒ってどうにかなる年でないことはわかっていてもどうにもならなくて、三月からここに通って少し心の整理がついてきた所です。いろいろな方とお話しして視野を広げられたらいいと思っています。一人で閉じこもっていると独りよがりの考えにこりかたまってしまうので。自分が変われば娘も変わってくれるのではないかと期待もしています」

「同じく二十代と十代の娘二人です。数年前に札幌に移ってきました。こちらへ来てから子どものことについて話し合える仲間がなく、悩みを分かち合いたいと思っています。上の子は父親の虐待が原因で心を病み、病院に通っています。今は少し良い方向に向かっていますが。それが原因で離婚して、私が働いています。誰にでも話せることではないので、腹の底から話し合える仲間が欲しくてグループを希望しました」

「長男、長女、次女いずれも二十代です。一番下の子がオムツの時から一人で子育てしてきました。去年から次々と、自立して家を離れて行きましたが、私は子どもに育てられたと思っています。子どもたちが私を変えてくれました。でも、乗り越えたと思っていても心の片隅に残っていることがずっとあって、ある時それが言える場に出会って、言ったら心が軽くなりました。離婚したことや、子どもの不登校で悩んだことなどが、スッと言えたんです」

そのあと、各自が自分の物語を語り、会話が展開する。

「友人とか親同士集まった時、悩みを言ってみて相手が受け止めてくれた時は壁が一つ取れた感じ。でも、『あなたの言ってることわかんない』と言われたこともあります。そう言われると自分の話はできないのに、ただ相手に合わせるしかなくて苦痛でした。とにかく人に話したい時ってありますよね？」

「あります、あります。相槌だけでも何か答えてくれたら心が軽くなります。私は今が一番ゴチャゴチャな状態で、今年は子どもの受験と失敗、母の死、父の大病と悪いことが重なってパニック状態でした。夫は当てにならず、気を張っていないと立っていられない位。下の子の性格を父と妹が心配するのも、私が責められているような感じで、どうしたら良いかわからなかった」

「うちの下の子は私とは気が合うのに、父母は『自由に育て過ぎ』とかいろいろ言ってくる。上の子はじいちゃんと叔父さん（私の弟）に、何か言われたらしく、その人たちには会いたくないと言っている。実家との付き合いも難しい」

「私が離婚したあと、長男が不登校になった。相談先で『息子さんはやっと自己主張できるようになったんですよ』と専門家に言われて納得しました。自分の生い立ちなどを話すうちにだんだんほぐれてきた。自分のためのカウンセリングだった。弟は当時『もっと子ども本位にしてやったら？』とかいろいろ言っていたけれど、立派になった長男を見て『結局姉ちゃんは間違ってなかったね』と言ってくれた。父は『この子が普通になるなんて思っていなかった』と言った。三番目も不登校、二番目はずっと後になってから爆発しました。

私自身が明るく生きようと決心したら、不思議といい人たちと出会えるようになって、人生が変わった。子どもたちにありがとうと言った。子ども達からは『お母さんは子どものためじゃなく、自分のために自分の人生を生きてください』と言われた」

終わりの一言は……

「元気をもらいました。私自身も二十年越しの精神的な持病で薬が手放せませんが、肩ひじ張らずに頑張って行こうと思います。子どもの話より、自分自身が元気になりたいと思いました」

「おじいちゃんおばあちゃんが口出しするのは、やはり心配しているからだと思います。子どもさんたち自身が会いたいと思って会いに行く時が来ればいいと思います。私自身、子どもの進路に口出ししないようにやってきたのは間違ってなかったと思いました。これからもその方針で笑って生活できて行ったらいいと思います」

「ありがとうございました。自分のやって来たことの確認ができました。こういう話ができるって良いなと思います」

筆者「皆さん一人で子育てしていらした点が共通していて、それぞれに強いなあと思いました。ご自分の親御さんとの関係では、ちょうど板挟みになる年代なのかなあと思いました。次回までに、良いことや、ご自分が成長した点を探してきてください」

まだ少し硬い感じはあるが、いいグループになりそうな予感がした。

娘の部屋が……

二回目（八月）は二人出席。娘の部屋についての悩みから始まる。

「娘の部屋が数年前からゴミ屋敷状態なんです。昔は怒ったり、片づけなさいと言ったりすると、その時だけちょっと片づけたけれど、だんだん反発するようになったので言わないでいたら、二、三日前虫が湧いているのを発見して、どうしようかと……」

筆者「虫が湧いたこと本人は気づいてるの？」

「気づいてないと思う。全然平気。最近カッターが見当たらない……前にリスカ（リストカット）もしてたから心配。風呂も入らないし、シャワーも週一回くらい」

「難しいねえ、そういう時って」

「プライベートルームだから、親が勝手に入っては悪いですよね」

筆者「そうねえ。でも放っておいてよいとも思えないし」

「第三者に入ってもらうとか……私の母や弟に」

筆者「そうするとどうなるの？」

「私が正当化したいだけかな？」

「家族みんなできれいにしようって持ちかけたら？」

「一緒にしよう、ですか？」

「汚いものをそのままにしておくのは、誰が見てもダメだと思うけど……」

「逆上されたらって考えると、言えなくなる。二十歳過ぎた娘に、歯磨きなさい、風呂入りなさいって言うのもどうか？　もう業者を頼みたいくらいひどい」

筆者「お嬢さん、小さい頃はどうだったの？」

「片づけはする方だった。テレビ綺麗にしてってって頼んだら、テレビだけはいつも拭いてくれていた。『今日は掃除の日』とか言って、土、日にみんなで片づけたりもしていた」

「お母さんから言うって形じゃなく、三人で話し合って、久々にやるか――みたいな軽いノリでやってみたら？」

「次から次と、いろんなことやってくれるなあ、あの子（笑）。今インフルエンザ流行ってるから、って口実にするのもいいかな。まあ、頑張ってやるしかないね。次の時にはきれいになりましたって報告できるようにしたい。そう言えば、今日気が付いたんだけど、あの子、ＣＤだけはきちんと並べてあった。大事にしてるんだね。きっと」

筆者「そういうのをまず褒めるところから始めるといいかも」

終わりの言葉は……

「誰かのことならいろいろ話せるし、ひらめくこともあるけど、自分のことはさっぱりだなーと反省しました。娘さんの部屋の話、よく話してくださったと感心しています」

「今日話せて、本当に良かったです。毎日、どうしよう、どうしようが一カ月続くところだった。来月いい報告ができるよう頑張ります」

筆者が何を言ったか記憶がないが、Ｓ・Ａさんが良い言葉で締めくくってくれた。

「お母さんて大変なんですね。でも、強いなあと思いました。私も、もっと母を大切に、いたわらなくてはと思いました」


九月も同じ二人でいきなり良い報告から始まる。

「掃除しましたよ！　カビの生えたペットボトルやら、こびりついたゴミ箱に水と漂白剤を入れたら虫の幼虫が浮いてきて……次女と二人でやりました」

筆者「本人は？」

「バイトで外出していました。でも、前もって、やるよと予告していたので、前の晩夜中までかかって、自分である程度ごみを分けていました。それでもベッドの下には泥みたいにゴミがたまってるし、引っ越しするときくらいのゴミの量で、私は筋肉痛になりました。その後、本人が帰ってきて、『大事なもの捨てられたら困るから』ってゴミ袋をいちいち点検してました。お風呂も入りなさいと言ったら入ったし、きれいになった部屋でニコニコしてるんです。幼稚なんだーとわかりました」

筆者「反抗してたわけではないんですね」

「生活の中で具体的に私が言ったことはできるし、やってる。でも掃除しなさいとか、ご飯作っておいて、とかはダメ」

筆者「反抗じゃなくて、できないんですね」

「その後、きれいに使おうという意識はあるみたいです。この頃は私が帰ると『お帰りなさい』と言ってくれたり、居間の掃除をしていたこともあるんですよ。自分の部屋はしないんだけど……」

「よかったですね。私の『良いこと』は長女がディズニーランドのお土産を送ってきたことです。入っていた手紙に彼氏と結婚を考えていると書いてありました。資金のこととか私も考えないと……」

筆者「親としての気持ちは……嬉しい？　寂しい？」

「あーそう？　みたいなものですね。家を離れて遠くへ行った時は、あーもういないんだと、寂しい思いもありましたけど、それから数年たっているので」

筆者「では今日話したいことをどうぞ」

「さっきの話の続きですけど、しなさいと言えばする、小さい時から虐待されていると、自分で判断できなくなるのかなと思いました。今回、病院からもらってた薬も、一つも飲んでなかったみたいなんです。1カ月くらい前には風邪薬を大量に飲んだこともあったり……。本人に『何のために病院に行くの？』と聞くと、『死にたくなる気持ちを抑えたいから』と言うんですが。薬のことは、次の病院予約の時私も行くので先生に話します。お金には汚い方で、自分でやりくりして薬代も払っているのに」

筆者「あ、お金にはしっかりしてるんですね」

「ケチケチして、しっかり貯めてるんですよ」

筆者「できてることもあるんだ。一番心配だった時を0として、もう大丈夫かな？を10としたら、今はいくつ？」

「2くらいですね。前はフラッシュバックとかひどかった。今は一応働いて、社会に出て収入も得ているから」

筆者「3になったら何が違いますか？」

「言われなくても歯を磨いたり、風呂に入ったり、体を洗ったりできれば……。自分の身に危害を加えなくなればいい。小さい時からちょっと変わっていて友達がいなかった。余り私に甘えて来なかったし……病院でも、もともと持っていた素質と、虐待の結果と両方あるだろうと言われています」

「やっぱり、お母さんの気を引きたかったんじゃないの？」

「父親から暴力受けてると打ち明けられた時、やっぱりと思った」

筆者「打ち明けてくれたキッカケは？」

「家族で札幌に出てきたとき、下の子が迷子になったんです。夫が探そうともしないで、上の子を怒ったので私が夫を責めた。それを見て、お母さんは味方だと思ったみたい」

この日はこの辺で時間となった。終わりの一言は……

「薬のことがずっと引っかかっていましたが、『のまなくても大丈夫なのね』と話しかけてみることもできそうです。質問されて、できていることもあるんだと気づかされました」

「娘さんに元気になってほしい。お話を聴いていると、自分の時のことがいろいろ思い出されて、あれがあったから今の私がある、と考えさせられます」

娘の部屋を頑張って掃除したことへのコンプリメントを筆者は忘れていたようだ。


十月も同じ二人の出席だった。

「娘と薬の話をしました。先生に薬を変えてと言ったのに、変えてくれなかったから飲まなかったと言っていました。でも先生は何も聞いていないとのことでした。まだ日が浅いので、本人と先生の間に信頼関係ができるにはもう少しかかりそうです。

うちでもなかなか話ができない。大体自分の部屋にこもっているし、たまたま娘が自分の部屋から出て、居間にいたので薬の話ができました。今日も居間に出ていました。ア、今気が付いたんですが、部屋から出ているのは、妹がいない時が多いですね。

父親と別れて三人で暮らし始めてから、いろいろな症状が出てきましたが、今は少し良くなったみたいです」

筆者「これまでに貴女がお嬢さんのためにしてあげて良かったと思えることは何でしょう？」

「児童相談所に行ったこと。病院に連れて行ったこと、娘も自分で治りたいと思ったから素直についてきてくれた。それと、私が夫に『お父さん出て行って』と言った時、娘が『ありがとう』と言ってくれました。札幌に出て来てからは、地下鉄の乗り方など知らなかったので一緒に歩いて教えました。高校だけは出さなくてはと、良さそうな学校を探して、先生にも事情を話して頼みました。お陰で担任の先生は良く面倒を見てくれました。土日が一緒に休めるように自分の仕事も変えました。

下の子が、もう一人で寝ていたのにある時、お母さんと寝たいと言って布団に入ってきた時があったんです。上の子にはそれができなかったんですね。だから、あの子が私に何か求めてきたら、それが進歩なんだと受け止めるように今は考えています」

筆者「それはすごい。ずいぶんいろいろなことをなさったんですね。大変な苦労を乗り越えていらしたことが、改めてよくわかりました」

「初めてここへ来たときはいろいろやって疲れていました。病院ではどうしても本人が中心なので、私の話も聴いてくれるところが欲しかったんです。ここで話せて、いろいろ振り返って、自分を見つめ直すことができました」

「振り返ることって大切ですよね。私もいろいろ振り返りました。子どもが小さい時してやれなかったことを、ある時期求めて来て、それを受け入れたことで乗り越えられたんだな、と思うことがあります」

筆者「お宅の苦労話もいつか聞かせてください」

あと一年で卒業なのに……

年が明けて一月、メンバーが一人増えて四人と賑やか。

「しばらくお休みしている間、スッタモンダしてました。ここへ来たきっかけは次女のことだったのですが、本州の大学へ行っている長女が、あと一年で卒業という時になって、登校していないことがわかったんです。私がパニックになって飛んで行ったら、カーテン閉め切って部屋の中もワヤワヤ……私の滞在中は四、五日登校したのですが、その後またズルズルと行けなくなって。心療内科で適応障害と言われ、家に帰ってきました。もう向こうへは戻りたくないというので、休学届を出しました。

もともと人づきあいが苦手、特に男の人に恐怖感があったのに男子ばかりの学部で、専攻も自分のやりたいことではなかったので、辛かったようです。カウンセラーの意見も、私も、あと一年なんだから卒業させたいと思ったのですが、本人は大学辞めて働く、自分の目標を探したいと言います。前にリストカットしかけた時があって、妹だけがそれを知っていました。またそれをされるよりは、と私も意見を変えました。下の娘がすごくしっかりして、姉を支えてくれています。機嫌を見て街へ連れ出したり、私が言えないことをズバッと言ってくれたり、単身赴任の父親の代わりをしています」

筆者「ご主人は今度のことについて何と？」

「まったく無関心。誕生日にどうだ？と電話して、お金送ればいいと思ってるだけ」

「うちも妹が姉の面倒見ているところがそっくり。姉の方も今調子よくて、妹と街へ出かけたり……成人式の写真も撮りました」

「うちは上が男で中二ですが、小四から不登校で、心療内科で『お母さんが頭の中で通せんぼしている』と言ったそうです。そこも本人が行かなくなり、児童相談所に相談して、遠くの養護施設に預けました。正月には帰ってきたんですが、宿題をした後は部屋にこもってゲームばかり、自分のことしか考えていません。高校受験に向けて四月から帰宅する方向でしたが、『あんたがそのままなら、帰ってきても無理だね』と言ってしまいました。どうしたら良いのかわかりません」

筆者「男のお子さんがいる方は？」

「ハイ、ウチも中学の時はゲームばかりでしたから気持ちはよくわかります。それがある時、フッと許せる気持ちになったんですよ。『ゲームばかりしてないで、家族の中に入って』と思ってましたが、それがあの子にはきつかったんですね。一人でゲームに没頭してる時はすごく良い顔して、声も出てるので、これはこれで受け入れるしかないのか？って。小六の時、学童保育に入れてもらって、下級生に慕われる経験をしてから自信がついたみたいでした。それで私も、お兄ちゃんだからって持ち上げて『どうしよう？』と相談したりしたら、『俺は頼りにされてるのか、この家にいてもいいのか』とだんだん自信がついてきたみたい。今二十七歳ですが電機店で働いていて、変われば変わるものだという感じです」

「そういえば、昔、児童会館でドッジボールで活躍してたことがありました。今思い出したけど。でもね、妹に対して、全否定するのが許せないんです」

「下のお子さんをお菓子でなだめて、『お兄ちゃんが一番だと思わせておこうね』というのはどうかしら？ゲームに関しては俺が一番と思っているでしょう？」

「うちは女二人ですが、いつも下の子の意見が通って、上は一切意見を言わない子でした。私の顔色ばかり窺って……高校も私に選ばせたんです」

筆者「大学は？」

「私立と公立と二つ受かって、私立の方が行きたい学部だったのに、私にどうしようって相談するので、『私立はお金かかるしね』と言ったら公立を選んだ結果が……そこまで追いつめていたとは。私が二十五年来パニック障害という病気を持っているので、その子がいつも助けてくれていました。主人は怠けてるんだろう？としか言わない人です」

筆者「今の状態は？」

「薬は飲んでますが、主人が単身赴任になってからずっと良くなって（笑）」（皆笑う）

「お姉ちゃんは今甘えたいんでしょ？　ウチも上と下二人が不登校で、私にしたら真ん中が救いだったんですが、その子にしたら、ギリギリで頑張っていたんですね。高校の部活やめたいと言いながらやめられず、結局高三の終わり近くなってから自分で選択して別の高校に編入しました。今は好きなことを仕事にして頑張っています。お宅のお姉ちゃんも、しばらく甘えたら、自分で方向を見つけていくと思いますよ」

「うちの上の子も専門学校をやめたんです。ずっと心療内科に通って、障害者手帳とまで言われたこともありますが、私が（学校を）諦めて『いいよ、やめといで』と言いました。今二つのアルバイトで頑張って、少しずつ立ち直っています」

終わりの一言は……

「久しぶりに来て本当に良かったです。胸いっぱい、頭いっぱい、気持ちがグルグル廻っていたけど、話ができて、聴いてもらえて、アドバイスももらえて、本当に良かった！」

「私も先回休んだので、久しぶりに来れてよかったです」

「お兄ちゃんのことが心配ですが、なるようにしかならないですね。妹のことも心配がない訳ではないし……」

「楽しかったです、忘れていたようなことをよみがえらせてもらって……。子ども達に感謝です」

筆者「皆さんそれぞれに大きな経験をしていらして、それを乗り越えたり、乗り越えようとしたりしていらっしゃるんですね。私一人だったら、とてもアドバイスなんてできませんけど、グループだと皆さんそれぞれの体験が聞けるので、それが一番助けになるのだと思います」

春が来た？

二月は出席三人。

「先月皆さんに話を聴いて頂いて私が落ち着いたのでアタフタせず、娘とＤＶＤを借りに行って映画三昧、意外なジャンルが好きだったりしてコミュニケーションが取れました。

この前『甘えたいんじゃない？』と言われて、一日思い切り、デロデロに……一緒に寝ようとか言って甘やかしたんです。考えてみたら、一歳十カ月で下が生まれ、思い切り抱きしめてやることもなかったなあと……最後に娘が泣きました。寂しかったんだなあと思いました。進路のことはすぐ決めなくていいよ、と言いました。それまでは元の大学に戻すことしか考えていなくて、向こうの病院の先生も戻すという意見だったので、帰りの切符も買っていて、当日になったら、布団の上に座ったきり動かない、『帰る?』と聞いたら、大声で『イヤダー』と叫んだんです。無理に帰していたらどうなったかとゾッとします。それからひたすら甘やかしているうちにだんだん元気になりました。親は一般常識にとらわれていたらダメですね。私自身が、通っているクリニックでこの間『笑顔が戻りましたね』と言われました。笑ってないことに自分で気づかなかった、笑うことがこんなに大切なんだとわかりました、家事も積極的にできるし、まだ娘の進路が決まってなくても希望があります。未来は明るい、それに向かって歩いて行けばいいんだと」

「うちは長男の進路がまだ決まりません。札幌に戻って公立高校に入れたいけれど、施設からの手紙では小さい子の面倒見てくれて助かっています、と書いてあるんですが、年下の子としか遊べないと、こっちに戻っても同級生と関係つくれないいんじゃないかと……」

「小さい子に慕われるのって、すごく自信になりますよ。うちの子が昔学童保育でそうでしたから。その子から『不登校は悪いことではない』と学びました。子どもが自分で選択したことだから……誰も認めてくれないなら親が認めてやるしかないいんです。私も初めは無理に行かせようとして失敗しました。息子に試されたんだと思います。『世間よりアンタが大事なんだ』と言ってほしかったんですね」

この辺で時間になる。終わりの一言は……

「これからは素直に子どもと向き合っていこうと思います。昨日大学から問い合わせが来ましたが休学延長にしました。期限ギリギリまで粘って考えます。ここで話ができるのが救いです」

「私のアドバイスが役に立ったと言ってもらえて嬉しいです。私の方が勇気をもらいました。自分が笑顔でいることを意識できるって素晴らしいです。自分次第で子どもも山になったり谷になったりするので、まず自分が気持ちよく生きれるようにと考えました」

「息子がどれくらいの覚悟でいるのか、手紙で聞いてみます。今どんな気持ちでいるのか」

次の回、年度末の三月も同じ三人だった。

「娘がパートで就職しました。復学する気は全くないみたいです。東京か横浜で就職して妹と二人で住みたいなんて言うんです。妹がまだ就職決ってないので慎重に考えています。私としてはあと一年なのに、という気持ちも捨てきれないのですが我慢しています」

「昨日は娘の小学校卒業式、袴をはくと言って貸衣装で誂えました。お兄ちゃんは結局向こうに残ることになりました。慣れ親しんだ友人や学校を離れたくないようです。修学旅行も今までの友だちと行きたいからと」

筆者「お母さんとしてはどんな気持ち?」

「複雑だけど、ホッとした部分が多いかな?」

「私は娘のこともまだ方針決ったわけでもないのに、なんか気持ちが楽になって『ハルガキタ』みたいな感じなんですよ。毎日が楽しい。自由になったみたいな……」

筆者「何から自由になったの？」

「あらゆるもの。官舎住まいで両親は厳しかったし、親の言うことが違うと思っても反抗できなかった。結婚しても夫に意見が言えない。良い人と思っていたのに半年くらいから女関係にだらしなくて、それも言えなかった。娘たちには親としてキチンとさせなければ、自分の親や妹に言われると思って……上の子はそれに順応、下の子は反発していた。

私は誰にもホンネが言えなかった。ここへ来て初めて本当のことが話せて、それを聴いてくれる人がいて救われました。ものすごく皆さんに感謝しています。パニック障害もあって苦しんできたけれど、いまやっと息が付ける感じです」

「別れた夫が欲しい欲しいと言って産んだ子なのに、それも息子が欲しいと言っていたのに、生まれたら見向きもしなくて、なんだったのって思ったんです。お風呂に入れてと頼んだら、自分の身体も洗わないで赤ん坊を受け取ろうとする、あーこの人ダメだって思ったんです」

「ただどうしていいかわからなかったんじゃない？」

筆者「男の人って、そういうことわからない人多いと思うけど……」

「自分も夫と息子が似て来てすごく嫌だったことがあります。でも、家裁で調停委員の人に言われたんです。『子どもに相手の悪口や似ているところの話はしないでほしい。二人は別人格であることをはっきり意識して、他の家族にも言ってくださいね』って。それ以来気を付けてきました」

「私も娘に『お父さんみたいだからやめて』と言ったことがあります。下の娘は『そんなこと言わないで』って反発し、上の子は何も言わなかった。でも、いつも『お父さんは嫌い』と言っているのに、たまに夫が帰ってくると普通に接しているので、あれは私が言わせていたのかな？と反省しました」

春が来た人と、まだ来ない人と、すでにかなり解決している人と、三人三様のままこの年度末を終わった。

二年目（四月〜翌年三月）

子どもの進路

四月は一人入れ替わっての三人。

「私の父が入院してしまい、しばらくお休みしてました。大変だったけど、春休み中は下の娘が家事を手伝ってくれました。上の娘は相変わらずで、家事はしませんが、笑っていることが増えました。部屋はまた虫が湧きそうで、『忙しいなら掃除しておくよ』と言ったら逆ギレされました」

「息子が施設に残ることに決まって少しホッとしましたが、高校をどうするかで頭がいっぱいです」

「そのまま向こうの高校へ行く方がいいんじゃない？」

「それだと列車通学で、朝六時ころに出ないと……」

「友達と一緒の方が楽しいと思うよ」

「こっちの高校もいろいろ調べてるんだけど……」

「自分で決めていくよ。これから大人になって行くんだから」

「親が先回りしない方がいい」

「中学一年はほとんど学校へ行ってないから心配」

「うちは小学三年から指導学級、中学も不登校で、結局養護学校に行ったけど、友達いっぱいできて、いい体験ができた」

「とにかくお母さんが決めることじゃなく、本人がどう考えるかでしょ？　うちの下の娘も、大学行かないって言ってたのに気が変わって、推薦もらうために必要だからと漢検受けて、英検も受けるって頑張ってる」

「新しい人間関係に入って行くことが不安なのか？　保育園の頃から周りになじめない子で、仲間外れにされていた。向こうで友達できたみたいで、その意味では施設に行ってよかったのかも」

「お母さんが札幌の高校にこだわってるんじゃない？」

「最後まできちっと行ってくれるならどこでもいい」

「その期待が重いかも。私もそうだったからわかるけど、子どもはそれを感じて自分の気持ちを言えなかった」

「そっちの高校行くかい？って聞いたこともあるけど」

「親が何にも決めないでふわーっとしていたらそのうち自分で決めるから」

「そうそう。うちの子は友達に羨ましがられてるの。自分で決められて羨ましいって。友達はみんな、塾や習い事を親に言われて行かなきゃならないって。でも娘は心の中で、自分で決めるのも大変なんだよバーカって思ったって」

筆者「どうやってお子さんに決めさせるようにできたの？」

「幼稚園の時、引っ越しで幼稚園を変えたら、はだし保育の自由なところから厳しい教育の所になって『お母さんの決めた幼稚園でひどい目にあった』って言われたの。転勤族なので、次の時は行く先の学校を徹底的に調べて、良いと思う学校の近くに住むことにしたら、娘にありがとうって言われた」

「私はそんなに努力してないし、見てやれなかった。上も下も不登校、真ん中の子は唯一頑張ってると思っていたら高三の時『もうダメ。動けない。お兄ちゃんみたいに定時制にすればよかった』って。結局通信制に転校しました。親は楽しんでると思っていたけど。本人は親の期待が負担だったんですね。真ん中の子を見てやれなかったことに気づきました。その子も最後に自己表現したんですね。子どもたちそれぞれから親にしてもらいました。だから、……さんも、自分の気持ちはぐっとこらえて見守っていてあげて」

それぞれの変化

五月は二人。

「下の娘の成人式の写真を撮りました。亡くなった母の着物を着せたら、父がすごく喜びました。私の仕事が決まりました。それから横浜でのコンサートのチケットが当たったので娘達と見に行きます。来月は鎌倉にも行く予定」

筆者「すごい前向きですね！」

「ホント。すごい変わっちゃった！」

「落ち込むときは落ち込んでも、引きずらないことにしました。こういう何でも喋れる場があったから。両親の前では良い娘、娘にはよい親を演じ続けて来て、母の死をきっかけに隠し通せなくなったけれど、父も妹も受け止め切れないのはわかっていた時、この場があって、何でも話せたことが良かったんです。もともと私はノーテンキだったの（笑）」

「もともとの自分が出てきたのね」

「この感覚……なんというか、楽しい。今まで人任せ、誰かに動いてもらおうとしていたのを、私が動いて変えようとしたら、世界が広がったんです」

筆者「悟りを開いたみたいですね（笑）」

「お話聴いていろいろ思い出しました。うちの娘は去年成人式でしたが、私の着物を着てくれました」

「報告ですが、上の娘の診断が変わって、来週親子でカウンセリング受けに行きます。娘もその先生には話せるようで、自分の希望など出し始め、どんどん変わってきています」

筆者「お母さんが変わったからかな？」

「変化って面白いですね。人間っていつでも変われるんだーと思います」

筆者「そうなんです。人間は変わらないでいられないいんです。『変化は必然である。そしてすべての変化は良い変化である』と偉い先生が言ってます[注1]」

「でも、変われるってすごい。なかなか変わろうとしない人がいます。なんだろう？って思っていたけど、結局は自分なんだ、人は変えられない、自分が変わるしかないと気づいて、自分が心地よく生きられるようにと模索しました。自分に正直に生きようと決めた時点から、会う人が変わって後押ししてもらえました。これでうまく行くと思った時点でのどんでん返しが子どもの不登校でした。でも、私が解放されたから子どもが初めて自己主張できたと言われて、そうか我慢してたのは私だけでなかったと気づいて、それぞれの子に付き合うようにしました。後になってそれぞれの子どもの行動にこういう訳があったのか、と気づかされます。ことか、別の団体で『いいとこ探し』の勉強もしているのですが、そんなところで人と話しているときに気づくんです」

「そうですね。人の言葉がこんなにも胸に沁みるのかと、ここで経験しました。いろいろな言葉が胸に入って、自分が変わると出会う人が変わる、今の職場でも変わったねと言われます。笑顔だけは忘れないようにと思っていると自然にニコニコしていて、そんな自分が嬉しくてまたニコニコ……ここは娘たちも夫も父も入ってこれない、私だけの世界だから、思う存分喋って、また一カ月頑張ろうって、すごい楽しいです。

実は三、四年前にいろいろなことがいっぺんに起きたんです。父が手術をして、母の末期がんがわかって、上の子が受験で落ちて、その少し前から夫とごたごたして結婚式や新婚旅行の写真などすべて捨てたんです。丁度引っ越しの時期で家財道具もトラック一台分捨てました。『私には何も残っていない、もう私はダメー』

注1　スティーヴ・ディシェイザー、ソリューションワークスの福岡ワークショップで。一九九七年

と泣きながら父に電話したら、父が母と相談して『帰ってこい。もうウソはつかなくていいから、家でのんびりしなさい』と言ってくれたんです。それまで夫とのことは親には話していなかった、反対を押し切って結婚したのに、一年たったら女性問題、その後も度々……でも今はもうこだわるものがない、自分が楽しく生きて行ければいい。娘にも、好きにしなさい、その代わり私が年取ったら面倒見てねと言っています。こう思えるまでに五、六年かかりました。もう何が起こっても対応できる自信はあります。一〇年先に大仕事があるから……夫が定年で単身赴任から戻ってきたら離婚するつもり、もう一緒には住めないので。それまでエネルギーを蓄えておこうと」

恨み・憎しみ・しがらみ

七月はまた二人。記録者としてK・Hさん（専門学校教員）が入り、現在まで続いている。

「大学をやめた子の荷物を引き払うついでに上京して、娘と二人でミュージカルを見たり、湘南や中華街など、いろいろ遊んできました」

「私も東京で会があって、その会の先輩に、『貴女、前から同じこと言ってるわよ』と言われて気が付いた。人のせいにして恨んでいたけど、あ、自分なんだと。スパッと言ってくれるその人のお陰で頭の転換ができた。自分はまだまだだと思いました。人に言われた嫌な言葉を一生忘れない！と恨んでいたけど、いろんな人と出会い、人の前で自分のことを話すうちに、いつか乗り越えている自分がいたんです。グジグジ言っているうちは駄目、ワーッと吐き出さないと。そして『それでどうなの？』『あなたはどうしたいの？』と聞いてくれる人がいると、自分で考えられる」

「私もここに来てワーッと言えるようになって、初めは先生に、それからグループでみんなに聴いてもらってだいぶ解決できました。でも、グジグジしてまだ言えない部分が解決できていない……もう二十年も前だけどすごく腹が立って……」

「私は今嫌いな人がいない。皆良い所も悪い所も持ってるから」

「身近だと、良い所が見えなくて、憎しみしかなくなってしまう」

「私も離婚するときは悪い所しか見えなかった。縁が切れて、自分が明るい方向に踏み出したら良い所が見えてきた。元々いい所を見て結婚したんだから。一人なら憎み続けるのもいいけど、一緒に住んでる子どもが可哀そう。でもあの時はあれしかできなかったんだろうなと思う」

「主人が近くの町に転勤して来て……『これからはいろいろ相談に乗れる』と言う。今まで何があっても助けてくれなかったのに。そんな話の矢先、上の娘が病院でもらった薬をいっぺんに飲んでフラフラしながら私の職場に来たんです。すぐ病院に連れて行って点滴してもらった。下の子がお父さんに連絡して電話が来たので、私も珍しく『今こういうことで困っている、娘の気持ちを聞いてやって』と頼んだのですが、娘に電話もメールもなくフォトフレームを送って来ただけです。娘の事件は発作的なものだと思って引きずらないようにしていたのですが、なんか気持ちが元に戻って落ち込んでしまいました」

「元に戻ってはいないでしょ、今日来れたんだから」

「そうかな？　自己嫌悪してたけど」

「乗り越えられないことは来ないって言われたことがある」

「乗り越えられるからって、そんなことばかり来たら息もつけなくって辛いでしょ？」

「乗り越えたから次が来るんじゃない？」

「私の中で主人の存在が一番しがらみ。離れられない、別れられない。かといって一緒にいたくない。でも前よりは理性的に対応できる、子どもたちの前で見苦しい所は見せなくなった。前のこと思うとすごく自己嫌悪」

「乗り越えたからそう見えるんでしょ？」

「そうか、前は電話来ると二日くらい嫌な気持ちだったけど、今は一日で済む」

「今思えば私もこういうことだったんだなあと思えるんですよ。今は言えることでも前は言えなかった」

「下の子は家族という関係を壊したくなかった感じ、上は私と近いから、お父さん嫌いと言っていたけど、お父さんの働いていた会社をじっと見ていた時、私は裏切られたような気持ちになった」

「子どもたちはそれなりにうまくお父さんと付き合ってきたんじゃない？」

「私がお父さんとの間にバリケードを作って、下の子はその下に穴を掘ろうとし、上の子はそればーっと見ていた感じ。今夫は実家に帰っているから二、三日中に会うことになると思う。一番許せないのは主人の身内の人なんです。主人の浮気がわかった時、それは妻である私が悪い、私の責任だと言った人です。親に反対されたのに命かけて結婚して、一年で裏切られた。生まれたばかりの上の子と一緒に地下鉄に飛び込もうかと考えた。……でも、今は自分の好きなことをすることにしました。娘と一緒にジャズダンスを習っています。楽しいです！（一同で「スゴーイ！」）

でも、子どもに任せていると言いながら大学のことが私はまだ気になって、他の大学のオープンキャンパスに行く？と娘に聞いてしまいました。『お母さんまだ大学に行かせたいの？　私はイラストレーターになりたい』と言っています」

筆者「今日も良いお話が聴けました。……さんはいつも前向きだけど、その中でもご自分を振り返っていらっしゃるし、……さんは大変だと言いながら、その中で着実に進歩していますね」

「今日気が付いたのは、しゃべった時はもう乗り越えちゃってるということです。話せる人、しゃべれる場があるがとても大切だと改めて感じました」

「そう思うと私は本当に良い出会いがあって幸せだと思います、この歳でこんな風になれるとは思っていなかったので」

筆者「また来月お待ちしています」

その後また新しい人の参加などもあったが、途中を省略して年度末に跳ぶことにする。

年度末の結論と新人の参加

翌年の三月、新人二人が加わっていて、出席者は五人であった。

「好きな漫画家のブログを読んで勇気づけられました。上あごの腫瘍の手術で顔まで変わってしまったけれど、人間って慣れるものだと言っていろいろな活動をされています。私も、娘のことも何とかなると考えられるようになりました。娘は病院を変えて、薬も要らなくなりました。今の先生は『そのうち気持ち変わるから。そしたら人生変わるよ』と勇気づけて下さるそうです」

「結婚した娘が震災に会って大変な思いをしていましたが、ようやく飛行機が取れて、帰って来れることになり、ホッとしています」

「お兄ちゃんが高校合格しました。あと三年施設に残って、向こうで通うことになりました。私も施設に泊まって、卒業式に出席できました。施設でも卒業を祝う会があって、息子がトップバッターで先生方へのお礼の言葉を述べていました。他の子と比べて一番しっかりできていて『本当にカッコよかったよ』と言ってやりました。集団でもまれて成長できたのだと感じました。一時間半かかる列車通学でも、三年間通い続けられると思います」

「上の娘が大学三年で、就職活動に入りますが、震災でどうなるかと話しています。飼っていた猫が死にましたが、昨日まで懸命に生きようとしていました。『普通に生きていられることが幸せなんだよ』と娘たちに話しています」

「うちも長男が就職活動です。この間一次試験に受かったと言っていたので何とかやって行くと思っています。小さい頃虐待していたのですが、息子は『僕は何も覚えていない。それに母さんはもう十分変わったよ』と言ってくれます。でも、私は共依存だし、アルコール依存に逆戻りするかもしれないので、自助グループなど、あちこちに通っています」

筆者「では今日話したいことをどうぞ」

「息子が初めてホワイトデーのプレゼントを送ってきました。彼女に振られたので私の方に回って来たみたい（笑）」

「男の子は死ぬまでお母さんが大好きみたいです。夫と夫の母の関係を見ていて、つながりは切れないと感じます」

「施設の人が携帯で写真撮ってあげると言ったら、息子はすっと横に来て『良いね、素直で』と言われた。反抗期もあまりなかったし。小五から中三までは反抗したけど」

「うちも五年生で家庭内暴力が始まり、殺さないと少年Aになってしまうと思っていました」

「離婚するちょっと前、主人の友達が主人に『いつかお前は息子に殺されるよ』と言っていました。娘ばかり可愛がって息子を人間扱いしてなかったんです。離婚して一年後バーンと爆発して不登校になりました」

「うちも不登校もあったけど、いつの間にか行くようになりました。お母さんが安定したから行けるようになったと病院で言われました。息子が暴れるまで、私は自分がおかしいと気づいていなかった。ただ、自分が悪く言われないよう息子をちゃんと育てなければと思って怒っていたんです」

「うちの子は施設に行ってそういうのから逃れたから、学校に行けてるんですね」

「うちの娘は身体症状が出ましたね。上は友達ができなくて、下は友達は好きだけど勉強ができない。いろいろあったけど、夫と母には言ってない。私は娘たちを理解できるけど、あの人たちはできないから」

終わりの一言は……

「うちの娘は今が反抗期なんですね。皆さんの話を聞いて、どうしてこうなったか考えていました。自分でレールを敷いて、大学も予備校のパンフを私が集めたり、行く所を私が決めてしまった。認めたくないけれど夫や夫の母へのあてつけもあった。今回下の娘を夫の所へやってみてわかったけど、夫は夫で私が何も連絡しないとひねていたみたいです。娘は両方からいろいろ聞かされて困ったみたいだけれど、私はここに来ていろいろ話して、聴いてもらって、整理がつきました。上の娘もだんだん元気になっています」

「私も皆さんの話を聞いて自分を振り返ることができました。相手のせいにしている間は進歩がなくて、自分の気持ちが変わると良い出会いが生まれ、人の話も聴けるようになりました」

「人の話を聴ける人が大人なんですね。大人でも子どもみたいな人がいっぱいいるけれど、『人の振り見て我が振り直せ』で、母親なんだから私も大人にならなくては、と思います」

「周りに振り回されない自分になりたいです。小さい時から、自分を出そうとすると潰される環境だった。私は人と変わっているけれど、それが自分なんだと思って流されないように頑張ります」

「正しい生き方を目指すというよりも、自分が嫌か、嫌でないかを基準にして生きてみたい。正しいか正しくないかは神様が決めることだから。それなのに、私はいつも心の中で人を裁いている、こんな性格悪い私ですが、今後もよろしくお願いします」

筆者「皆さんそれぞれいろんなことがあったんですねえ。それぞれがいろいろな決断をして、頑張って、良い方向にここまで持ってきた、ご主人のこと、子どもさんのこと、自分のことといろいろあるけれど、一つが良くなると他も良くなって、正のスパイラルというか、良い相乗効果が生まれて来るんですね。そして、ここへ来てみんなに助けられたと言える人は、人の話を聴く耳を持てているからだと思います」

もう来なくても良くなった人はだんだんに足が遠のき、まだまだ語りたい人はずっと来続ける。もういいのかなと思っていると時々現れる人もいる。新しい人が現れては自分の物語を語り、少し悩みが軽くなったのかいつの間にか消えて行く。そんな形で何人かの出入りがあり、それぞれの参加の仕方でこの後もグループは続いて行った。

十年の歳月を経て

ここで一気に十年以上タイムスリップして、現在残っている三人のメンバーの最近の発言を記すことでこの章の結びとしたい。ここだけは対話形式でなく、お一人ずつの発言を少しまとめてみた。十年の間に記録係はK・Hさんのほかに、A・Yさん、M・Yさんと、ソリューション勉強会の仲間が参加、コ・カウンセラーを兼ねるような形で会話にも参加してもらっている。

その1

「私は今が一番いい状態です。これまで父を恨んだり、母を恨んだり、娘たちに親と同じことはするまいとか考えていたけれど、娘たちも三十過ぎて、反対に私のことを気遣ってくれるようになりました。三十年ぐらいパニック障害で、旅行好きなのに海外はもちろん、外に出れない時もあった。残りあと十年ぐらいと思うと、笑顔で生きて行きたいと思います。だから今離婚の話を進めています。

主人とはもうやって行けないことはハッキリしています。ずっと単身赴任でたまに帰って『オレの居場所がない』って言うけど『そうしたのは誰？』って思ってた。父が亡くなった時も大丈夫か？の一言もないし、十二年前の母の時もそうだった。ここに至るまでメチャクチャ葛藤はありました。浮気がわかった時私は妊娠中だったし、親の反対を押し切って、好きで結婚した人だったし。一時は殺したいくらいに思った時もあったけど、それも全部なくなりました。それよりも自分を大事にしたいと。子どもたちが大きくなったからですね。手本見せなきゃというのがなくなって、泣きたい時には平気で泣くし、子どもたちもそれがいいよって言ってくれます。

ここに来はじめたのは娘のことで、どうしよう、どうなるんだろうと心配ばかりでした。でも上の娘の大学中退を決めてから、ガラッとすべてが変わりました。いい学校出ていい企業に勤めて、結婚して孫ができてとかいうのがどうでもよくなって、自分が好きな生き方をしなさいって。娘は全然違う方向の専門学校を出て、就職して、今は私が具合悪い時いつでも病院に連れて行けるようにって自営の仕事に変えました。いずれ上京したいと言っているので、私も一緒に行くつもりでいます。

ここの帰り、……さんに『がんばれ！』って抱きしめられたり、……さんのやり方を真似してみたり、いろいろ助けられました。ぽこぽこ休みながらでしたが、ここは本当に私にとっていい場所でした。今ここでこうやっている自分が嬉しいなって。私の人生の中で今が一番落ち着いて、良い時です。これからやりたいことも見えて来たし」

K・H「この場所が皆さんにとって本当に大切な場所だとわかりました。お話聴いていて、私も前向きになれることがたくさんありました。今日もお話聴けて本当に良かったです」

その2

「今年の始めに離婚しました。その後、三カ月くらい閉鎖病棟にいました。今は就労支援の事業所に通っています。初めは何もやる気が起きなかったけれど、少しずつ元気になりました。○○塾という所にも毎朝五時からのミーティングに通って、この間百日連続になったので表彰状をもらいました。

別れたけれど昨日も主人と会ってるんです。一緒にパチンコしたり食事したり、靴も買ってもらいました。主人は『なんで離婚したのか、サッパリわからん』って（笑）。私も少し後悔してるけど、やっぱり別れるべくして別れたと思う。依存だった。ずっと我慢していた。自営業だったから仕方ないんだけれど、私は必要な歯車でしかなかった。その中でいつも主人の意向を察して動いていた。離婚して、私は私になれたんです。やっと自分に戻って来たという感じ。

子どもに暴力をふるっていた自分が許せない。その後自助グループや治療グループでいろいろ考えて少し見えてきたことは『そうだね、辛かったね』と言ってくれる大人がいることが大切だということ。

今も集会では、自分の過去……中絶したこととか、子どもを虐待したこととか話しています。よく話せるねと言われますが、自分の心の整理として話しています。みんな苦労してきた人たちだから、私の話が役立ったとか、私には何でも話せるとか言ってくれると嬉しい。いつか、自助会を立ち上げて、お互いに話をすることで、役に立てればいいと思っています」

筆者「まだ少し先の話かもしれないけれど、そうなったらすばらしいですね。今までいろいろなことがあったけれど、私はあまりお役に立てなかったように感じています」
「いいえ、ずっと見守っていてくれたから、安心感がありました」

その3

「夫が家にいると、パソコンしてるから掃除機かけてはダメかなとか、テレビを見てるのか見てないのか、消していいのかいけないのか、いろいろ気を遣わねばならず面倒なので外出しています。人込みは避けるけど、展覧会とか、映画とか、結構行ってます。私の母と同居していて、結婚前から夫は母の仕事を手伝っていたから、仕事の話に私は入れない。母は夫の車で買い物に行くけど、私は頼むのメンドクサイから一人で行く。人と交わるのはうっとうしい。猫ならいいけど。昔、父と母、親戚などで揉めているのを見て来たし、テレビドラマとか見ても、そういう関係に入りたくないと思うから。

前の二人の話を聴いてつくづく思うのは、人に甘えられる人は羨ましいなということ。離婚しても旦那に甘えられるなんて、女としての魅力があるからだと思う。私はずっと愛嬌のない奴、可愛げのない奴と言われ続けて来た。子どもの頃地下鉄で母親に甘えている子の真似をして隣にいた祖母に寄りかかってみたら『具合悪いのかい?』って言われただけ。母親には『お前は放っておいても大丈夫だね』とか、木の棒っこみたいとか言われていた。今なら、モラハラとかパワハラになるんだろうけど、昔だから。

妹は可愛くて甘え上手、母も甘えて私たちと同居しているけど、私は将来どうするのだろう?

娘たち二人はそれぞれムスッとした子だと思っていたけど、男に甘えるのは上手みたいで、下は結婚して子どももできた。苦労はしてるみたいだけど。上の子は正社員になれたけどまだまだ。将来娘に頼ることはできないと思っているから、娘さんに甘えられる人がうらやましい。頼りたいけど、娘夫婦の関係を壊したら困るから、頼れないと思う。

将来どんな生活になるのだろう？　夫とは共通の話題もないし、何が好きとか昔から言わない人で、さっぱりわからない。離婚はしないけれど、家庭内別居と言うか、お互いに干渉しない生き方ができればいい」

筆者「……さんはご自分の楽しみを見つけることが上手ですよね、自分はこれでいいと満足していらっしゃると思っていました。いろいろなお気持ちを今日初めて伺って、その辛さがわかりました。でも、もっと自信をもっていいのに……」

K・H「ご主人にいろいろ気を遣われたり、食事をきちんと作っていらっしゃる……さんはすごいなと、前から思っていました。女性らしい、いい面をたくさん持っていらっしゃると思います」

A・Y「……さんはとっても愛嬌があるって言うか、何気なくしていらっしゃることとか、ご主人への気の遣い方とか、可愛いなあと思っていました。自信を持ってください」

三人三様、それぞれが自分なりの結論に達して居られるように見える。あと一年このグループは継続の予定だが、その時、またはこの相談室を閉じる時、それぞれにまたいくらかずつの変化が起こっているだろう。そして、すべての変化は良い変化であろう。

第七章　カウンセラーの呟き

二輪草

児童虐待と親

「虐待する親は世間の非難を浴びるけど、喜んで、楽しんで虐待している親はどこにもいないよ。みんな辛くって、苦しくって、どうにもならない苦しみを子どもにぶつけているのさ。虐待は親の悲鳴なんだよ、先生！」

ある電話相談で聞いたこんな母親の声が今も私の耳から離れない。

それから二十年近い月日がたっているが、相変わらず痛ましい虐待死のニュースが後を絶たない。それらをめぐる報道の姿勢や世間の風潮は二十数年前と比べてどのくらい変って来ただろうか？　あまり変わっていないようにも見えるが、昔のように虐待した親を鬼畜扱いする報道は流石に少し減って来ている。また必死で取り組んでいる児童相談所その他の公私の機関の手落ちを責めるよりも、人手や施設の不足、制度の改革を訴える方向に少しシフトしてきたかもしれない。

だが一方で、「可哀想な子どもを早く発見し、ひどい親の手から救い出して施設や里親に預けること」が、虐待問題の解決と信じている人がまだまだ多いのではないか？

そうせざるを得ないケースもたくさんあるが、それはあくまでも次善の策でしかない。人手や配慮の行き届いた施設や暖かい里親家庭で、子どもの傷が癒され、健全な育ちが保証されたとしても、子どもの心の中で実の親への思いが消えるわけではなく、許しや和解の作業がいつか必要になる。一方子どもを「取られた」（と感じている）親のその先の人生はどうなるのか？　ケアの手が差し伸べられなければさまざまの問題を抱えたまま同じことを繰り返すか、取り返そうとする試みで再び子どもを傷つけるかもしれない。そのことを最も強く感じている児童相談所などの現場では、親支援や親子の再統合に向けての努力が続けられている。[注1]その中でソリューションの理念や技法を用いた試みもかなり前から始まっている。[注2]これらの活動がもっと広く世間一般の人たちに知られることを願う。

「みみずく」で出会ったお母さんたちよりももっと深刻な、死に至る虐待をしてしまった親も、ある時期までは子どもを可愛がっていたと聞くことが多い。不幸な条件が重なって物事がうまく運ばなくなって来た時、虐待の

注1　津崎哲郎・橋本和明編著『児童虐待はいま――連携システムの構築に向けて』ミネルヴァ書房、二〇〇八年
犬塚峰子・田村毅・広岡智子『児童虐待―父・母・子へのケアマニュアル―東京方式』弘文堂、二〇〇九年
注2　いくつかの書籍をあげておく。
I・K・バーグ&S・ケリー著／桐田・玉真ほか訳『子ども虐待の解決』金剛出版、二〇〇四年
A・ターネル&S・エドワーズ著／白木・井上ほか訳『安全のサインを求めて―子ども虐待防止のためのサインズオブセーフティアプローチ』金剛出版、二〇〇四年
井上直美・井上薫編著『子ども虐待防止のための家族支援ガイド―サインスオブセーフティ入門』明石書店、二〇〇八年

方向に転じて行くのであり、その境目は状況の深刻さのほかに親自身の生い立ちが重なっているのだろう。自分自身が親からたっぷり愛情を注いでもらった体験のある人は、ひどい虐待に至ることは恐らくないと思われる。

そういった意味で「世代間連鎖」(「虐待の連鎖」)の存在はたしかに否定できないが、これを強調することは誤解を招き、不幸な環境に育った人をさらに不幸にするような暗示をかけることにもなり兼ねない。すでに見て来た通り、たくさんの母親たちがこの呪縛と闘いながら子育てをし、連鎖を断ち切る努力をし、成功していることを知ってほしい。本来その連鎖を断ち切る作業の責任は社会が負うべきであって、苦しむ親を放置しておいて批判する権利は誰にもないのだ。

「神話」からの解放

子育てに関しては昔から(と言っても近代化以降、あるいは高度経済成長期以降と言う人もいる)、いくつかの「神話」が日本の女性を縛り、母親たちを苦しめて来た。「三歳児神話」「母性愛神話」「専業主婦神話」など、要するに母親の愛情は子どもにとって何物にも代えがたく、少なくとも三歳までは母親は育児に専念するべきであり、母であれば自分を犠牲にして子どもに尽くすのが当然、と言った考えである。そうして、子どもに何か問題が生じるとすべてその原因は母親の愛情不足として責められてきた。不登校問題をきっかけに「母原病」などというおぞましい言葉が流行った時期もあった。(この後「父原病」「校原病」などと不毛な議論の応酬がなされたりもした。)

現在では先天的な脳の障害と捉えられている発達障害の一つ、自閉症(自閉スペクトラム障害)でさえ、昔は「氷のような母親」と関連づけられた時期があった。日本だけではない。一章でちょっと触れたイギリス滞在の折、自閉症協会という親たちの設立した団体を訪ねた。「日本では自閉症の原因は親の愛情不足と言われて多くの母親が苦しんできたが、英国ではそれはなかったのか?」と質問した。担当の女性の表情が微妙に揺れ、ちょっと沈黙してから〝We are just over it.〟(私たちは、やっとそれが終わったところです)と言った。そこに至るまでの苦しみの経過が思いやられ、それ以上は質問できなかった。発達障害に関しては、わが国でも大分理解が進んできたとは思うが、その他の問題に関してはどうだろう?

専門家も決して親の味方ではなかった。と言うよりも、「母親責任説」の元凶は専門家による学説だった。その後の多くの研究がこれらを否定してきたにも拘らず、[注3]その成果はまだあまり知られていないような気もする。「相談機関で親が悪いと叱られた」という話はあまり聞かなくなったが、「正しい子育てのあり方を説教され、それができない苦しみはわかってもらえない」「どこかで、親を反省させたいという下心が透けて見えた」などという声は今も聞く。一方「お母さんのせいじゃないよ」とハッキリ言ってもらって救われたという人もいた。「子どもが苦しんでいる時、実は親も苦しんでいる」「親と子を一緒に助けることが必要」「子どもの問題の最も効果的な予防法は親への援助」という理解は援助職の間でようやく共有されるようになって来たと言えるだろうか?

実はこの種の神話や親責任説が、一番強く残っている場所が、子育て中の当の母親たちの心の奥底なのである。だから子どもを可愛いと思えないのは母親失格であり、ダメ人間だとして自分を責める。そしてます

注3　大日向雅美「展望　母性研究の課題」教育心理学年報、第四〇号、二〇〇一年

ます苦しくなり、子どもに当たってしまって、また自分を責める。そういう悪循環が多くの人に起こっていることをグループの会話の中で痛感した。

まだまだ子育てを母親だけに押し付けている世間一般の常識がそうさせていたのだと思うが、会話を続けて行くと、いつの間にか彼女たちはそこから徐々に抜け出していった。夫に話をして夫を変え、育児参加の方向に動かした話もあった。最近書店の店頭でそんなマンガも見つけた。[注4] ごく最近になって父親の育児休暇取得が話題となっている。その前から子どもの育ちや行動を心配して「みみずく」に相談に来られたお父さんも何人かおられた。ほんの少しずつではあるが日本の社会も進歩しつつあると言えるのかもしれない。

つなぐこと・つながること

今回記録を読み返しつつ原稿をまとめて来て、メンバーの皆さんたちが本当によくぞここまで本心を赤裸々に語ってくれたと、つくづく感心する。「悩んでいるのは自分だけではなかった、同じ気持ちを持つ仲間がいる」とわかることで、人はこんなにも自由に本心を語れるのか、お互いに語り合い、聞き合い、助け合い、そしてもっと深く考え、変わってゆくことができるのか！　こんな私の驚きと思いを、読者の皆様が共有して頂けたとしたら幸いである。

集団精神療法、エンカウンターグループ、ピアグループ、セルフヘルプ（自助）グループ、サポートグル

注4　ゆむい「親になったの私だけ？」KADOKAWA、二〇二〇年

ープ等々、医療、教育、心理、福祉等の領域でのグループの効果は半世紀以上前から知られ、発展してきている。起源も、対象も構造も理論的背景もさまざまであるが、共通しているのは、グループメンバー間の相互作用を重視していることである。

虐待防止・予防や子育て支援の現場にもグループの導入は始まっている。先に挙げた東京方式では、虐待事例の家族を対象に児童相談所で父親グループ、母親グループなどを行っている。育児不安をもつ母親のグループも、あちこちの保健所などで行われているようだ。子育て広場などの子育て支援の現場でも、母親グループを実施している所もあると聞くがまだそんなに多くはない。

もっともっと多くの現場で、ママたちが自由に悩みを語り合える場が必要である。子育てが辛いと言ってもいい、子どもが可愛いと思えないと言ってもいい、そんな場所が必要なのだ。可愛いと思えないのはあなたの罪ではない。母親失格ではない。それでも懸命に子育てしているのは立派ではないか！　そんな声をかける専門家、そしてママたち自身が互いに言い合える場がもっとあってほしい。仲間がたくさんいるのに、自分一人だと思って苦しんでいるお母さんがこの日本にはまだまだ溢れていると思う。そんな人たちは是非仲間を探してほしい。そして専門家たちはそんなママたちが語り合える場をもっと作ってほしいと切に願う。

「みみずく」の統計から

二十二年間は長かったのか短かったのかわからないが、いずれ近いうちに「みみずく」を閉じなければならない日が来る。社会の片隅の、ほんのささやかな活動ではあったが、この辺で一応振り返って総括しておく義務もあるような気がして、簡単な統計をまとめてみた（表7‐1〜7‐4）。三百に満たない微々たる数字でもあり、分類はごく大ざっぱにした。

表7‐1

まず、来室の理由を、「子育て（小学生以下）の悩み」、「思春期以降の子についての悩み」「その他」の3つに分けた。予想通り「子育ての悩み」が一番多かった（44％）。この中には第一章で述べた開室のきっかけ「可愛いと思えない、虐待しそう、虐待しているのでないか」のほかに、子どものウソや乱暴、不登校など行動についての心配も含まれている。

次に、思春期以降の子どもについての心配はやや少なく15％である。不登校、ひきこもり、進学問題などさまざまな相談があった。両者を合わせるとほぼ6割なので、「子育てに悩む母のために」と始めた当初の目的は一応達成されたかと思っている。父親からの相談は数件だった。

3番目の「その他」には、来室者本人の生き方、夫婦関係、親、職場の人間関係等あらゆる問題が含まれる。カウンセリング・ルームとしては言わば本筋のこの種の相談は、開室当初からぼつぼつとあったが、最近の数年間はこちらが主流となっている。子育て支援等の活動が盛んになり、悩める母親たちの受け皿ができたこと、それに伴い当方のPR活動もホームページに限られてきたことも関係しているだろう。

もともとこれらの分類は便宜的なもので、来室当初の差し当たっての理由と言った方が良い。子育てや思

表 7-1　全体（2021 年 3 月末まで）

来室の理由			面接形式		
子育ての悩み	111	44%	個別	217	86%
思春期以降の子について	39	15%	並行	4	
			合同	11	
その他	102	40%	混合	20	
合計	252		合計	252	
面接回数			グループ参加		
1 回のみ	93	37%	ナシ	196	
1 回と G	27	11%	月曜 G	45	
2 ～ 6 回	96	38%	G21	11	
7 回以上	36	14%	（G 合計）	56	22%
合計	252		合計	252	

表 7-2　子育ての悩み

面接形式		面接回数		グループ参加	
個別	100	1 回のみ	33	ナシ	70
並行	4	1 回と G	18	月曜 G	40
合同	1	2 ～ 6 回	45	G21	1
混合	6	7 回以上	15	（G 合計）	41
合計	111	合計	111	合計	111

表 7-3　思春期以降の子について

面接形式			面接回数			グループ参加		
個別	28	72%	1 回のみ	16	41%	ナシ	31	
並行	0		1 回と G	3	8%	月曜 G	0	
合同	5		2 ～ 6 回	17	44%	G21	8	
混合	6		7 回以上	3	7%	（G 合計）	8	21%
合計	39		合計	39		合計	39	

表 7-4　その他（生き方・人間関係等）

面接形式			面接回数			グループ参加		
個別	89	87%	1回のみ	41	40%	ナシ	94	
並行	0		1回とG	6	6%	月曜G	5	
合同	5		2〜6回	34	33%	G21	3	
混合	8		7回以上	18	18%	（G合計）	8	8%
			未定	3				
合計	102		合計	102		合計	102	

春期の子についての悩みで来室された方も、親や配偶者との関係等たくさんの問題を抱えていることはすでに見てきたとおりである。そしてグループでも個別でも、話し合いが進んで行くと、話題は結局自分自身の生き方に収斂して行く。

面接形式は個別面接がほとんどであるが、夫婦・親子・家族などの合同面接も行っている。子どものプレイセラピーと並行したのが、4ケースあった。子ども連れで来室され、託児要員にお願いしたケースはたくさんあるが、これらは個別面接と考える。託児の人数や回数は計上していない。混合とは、経過の中で個別と夫婦・親子面接などいろいろな面接が行われた場合である。思春期のお子さんが初めは親子で、次の回からは一人で来室したり、主に妻と面接していて、時々夫婦面接になったりすることが多い。

表7-2〜7-4

面接回数は、一回きりでの終結が「子育て」3割、「思春期」と「その他」で4割である。

ソリューションで言う所の「来室以前の解決」のように、面接に来られた時点で、来談者はすでに解決への一歩を踏み出している。その家族の持っているリソースに着目し、これまでの努力と成果を伺って「必要なことはすべてなさっているようですね」「お子さんは順調に育っていますね」などと伝えると、「これでいいんですね。来てよかったです」と納得して帰られる方が多い。もちろん、中には『このカウンセラーは駄目』と見切りをつけられたケースもあるにちがいないが、その数はわからない。

「子育て」では、1回のみの面接がやや少ない分初回面接の後すぐグループに移行するケースが多い（16%）。「1回のみ」と「初回とグループ」の2つを合わせると、結局、来室理由を問わず4～5割が1回のみの面接となる。2～6回の面接と合わせて、8～9割が、ブリーフサイコセラピーの枠内で収まったのかなと思っている。

一方で長期にわたる面接を希望されるケースももちろん存在するので、それらにもお応えしてきた。「その他」の領域では長期にわたる面接が多い。

グループ参加は、たとえ1回でもグループに参加した人の数である。「わが子を愛したい母のグループ」として発足した月曜グループが歴史の長い分、人数も多く、出入りも多かった。一方グループ21は、少人数で、出入りはあるものの少数の参加者が継続的に活動を続けていると言えよう。

来室理由とグループ参加が必ずしも直結しているわけではないことも見てとれるだろう。すでに見てきたようにどのグループでもさまざまな悩みが話し合われている。

来室された方の内、全体で2割、子育ての悩みでは4割弱の方がグループに参加されている。やはりグループが「みみずく」の大きな役割であったとは思うが、全ての人にグループが必要なわけでもないので、まずは妥当な数字かと思っている。

グループを続けてこられた要因

「みみずく」のグループが成功だった、と胸を張るつもりはないが、ありがたいことに多くのママたちが「この日が楽しみ」と通って来られ、振り返って、あの頃グループがあって良かったと言って下さる。ここまで大過なく続けて来られたのはいくつかの幸運が重なってのことだと思う。それらの要因と、心がけて来たことなどを最後にまとめておきたい。おこがましいかもしれないが、これからグループを始める、あるいは運営に苦慮しておられる支援者の方々の参考になれば幸いである。

①必要最低限のルール

一番恐れたのはメンバーがグループ内で傷つくことなので、「話し合いのルール」（第一章、19ページ）を真っ先に考え、第一回目から、壁に張り出しておいた。メンバー募集のチラシ（資料2-1）にも、季節ごとのお知らせにも明記している。ルールは必要だが、少ない方が良い。最低限のルールの他はできるだけ自由な空間になるよう気を遣った。

②メンバーとの信頼関係

グループは出入り自由の、いわゆるオープングループではあるが、飛び入り参加はお断りしている。最初に必ず面接をして、参加者の悩みと希望を聞き、グループの趣旨を説明し、合意の上で参加して頂く。それによりメンバーとカウンセラーとの間にある程度の理解と信頼関係が築けていたことが、安心できる空間を作る要素として大きかったと思う。テーブルにはポット、カップ、ティーバッグなどを用意し、託児のおやつの時間に合わせて飲物を提供した。託児のない場合は頃合いを見計らって「お茶にしよう」と声をかける。発言の途切れた時など、緊張をほぐす効果も大きい。

③外枠だけの構造

外枠の構造はしっかり、中身は自由にその時の成り行きで、を原則とした。スケジュールは始めの内は季節ごとに、後半、月一回となってからは年間を一クールとして初めにお便りを出す。初期の数年間は返信ハガキを同封して参加の意思を聞いたりしていたが、だんだんそれも必要と感じなくなった。

プログラムの構造化については第二章で触れたが、「自己紹介―今日話したいこと―誰の話題から離すか決める―フリートーク―終りの一言」という形は最初から決めていた。二、三年目から「休みの間にあったちょっといいこと」を加え、これは今でも続けている。この大まかな枠はずっと変えず、その他にその時々で、季節に応じた話題や思いついたことを加えたりしてきた。

④スタッフ

グループを一人だけで運営するのは難しく、カウンセラーは複数である方がいい。司会の気づかなかった点をさりげなく補ったり、終了後の話し合いでいろいろな視点を提供してくれるコ・カウンセラーの存在は本当にありがたかった。また、司会しつつ記録を取るのは至難の業で、記録係の役割も大きい。その方たちの詳細な記録がなければこの本は存在しない。ヴォランティアで共に働いてくれる大勢の熱心な優秀なスタッフに恵まれたことは何より幸いだった。

⑤託児

第二世代のメンバーの一人が、だいぶ後になってから「あの頃みみずくに通えたのは託児があったから」と、ふともらされた。最近でこそ託児の需要は減ってきたが初期の頃の役割は大きく、子どもたちも楽しみに通って来てくれたように思う。

⑥ソリューションの技法と信念

面接の基本姿勢はずっとソリューションに置いていたので、グループも同様であり、ソリューションの技法はグループでも役に立った。司会進行のほかにカウンセラーが発した言葉はほとんど質問かコンプリメント（称賛）だけだったように思う。ミラクル・クエスチョンやスケーリング・クエスチョンなどの定型質問の例も紹介したが、初期の頃を除くと実はそれほど使っていない。質問をするのはクライエントがさらに深く考え、自分の中の力（リソース）を発見し、自分自身にしかわからない解決を見つけるためである。グループの場合、同じ質問への違う答えを聞き合うことで考えがより深まっていく。

セッションの終わりではなるべく一人ひとりへのコンプリメントを心がけた。やがてメンバーはお互い同士で質問し、コンプリメントし合うようになって行った。

ソリューションで重要なのは個々の質問や技法ではなく、「その人の人生はその人のもの」「この人はきっと自ら解決を見つける力を持っている」という基本的な考え、つまりはクライエントの持つ力への信頼である。必要な情報は提供するが無駄な助言は控えて支える、グループでは互いに支え合う雰囲気を作ること、カウンセラーにできるのはそれくらいである。過酷な条件の中で必死に頑張っている人に、何もできない無力感を味わったこともあったが、それでもメンバーそれぞれが自分で自分の道を見つけて進んで行った。

情報量も、支える力も、周りのメンバーの方がカウンセラーの何倍も大きかった。

メンバー間の小さな感情の行き違いがなかった訳でもないが、双方の言い分（＝発言の意図）を別々に聞くことで、次の回には解消できていた。ソリューションでは問題を問題とするのでなく、解決へのステップと考えるので慌てふためかなくて済んだ。

この辺でこの長い呟きも終わりにしたい。ママたちの苦しみ、努力、お互いに支え合い、成長して行く力の素晴らしさを、私は充分に伝えられただろうか？

おわりに

相談室「みみずく」は、たくさんの方たちの助けによって成立し、これまで続けて来られました。同様に、いや、はるかそれ以上に、この本はたくさんの方たちのお陰で書くことができました。それらすべての皆さんに心からの感謝をささげたいと思います。

まず第一に相談に来てくださったすべての方たちに感謝します。お客様がいらしたからこそ成立した相談事業ですから。そして、中でもグループに参加してくださったお母さんたち、特にグループの会話の中に登場するママたち、この本はほとんどあなた方の作品というべきなのかもしれません。閉じられた空間だからこそ安心して話せた会話を公表……出版するなんて、とんでもないことを許可してくださって本当にありがとうございます。（実は、連絡を取れなくて許可を頂けなかった方が何名かいらっしゃいます。その方たちの発言は最小限に留めましたが、どうしても載せたいトピックや話のつながりのために、申し訳ないと思いつつ残した部分もあります。ひらにお許しください。）

第五章にステキな詩の掲載を許してくださった風光星花さんにも感謝です。あなたのお陰でこの本の構成に変化がつけられ、ちょっと風通しが良くなりました。共感したとか、ここでホッと一息ついた、と感じて下さった読者も多いのではないでしょうか？

そうして、大勢の頼もしい助っ人たち……コ・カウンセラー、記録係、託児係の皆さん、あなた達なしではグループ運営は絶対に不可能でした。この本も書けませんでした。それぞれいろいろな貢献をしてくださいましたが、以下おおむね参加年代順にお名前だけ挙げさせて頂きます。姓だけしか記録のない方もあり、そのほか誤記、記載漏れ等もあるかと思いますがお許しください。

社会人、専門家として参加してくださった方々
中村詔子さん、小林佳子さん、奥平洋子さん、田澤麗さん、小林寿美子さん、本蓿美砂子さん、飯淵久美子さん、菊池洋子さん、柿原久仁佳さん、長谷川香さん、八木明美さん、藤川麻由子さん、八幡睦実さん
院生、学生として参加して下さった方々
細野奈美さん、前田絵里さん、北口芽衣子さん、西村輪香子さん、谷内さん、定岡久美子さん、大河幹子さん、山賀真知子さん、小野さん、樟本絵里さん、伊藤彩子さん、小玉乃里恵さん、三崎千鶴子さん、猪師由郁子さん、竹原久美子さん、弓野慧さん、青陽千果さん、中野圭さん、昔濃佳奈さん、三上さやかさん、金内礼奈さん、田中温子さん、堀岡園子さん、小谷希実さん、厚谷志乃さん、原田静子さん、吉川侑子さん、

西舘裕子さん、埜瀬ゆり恵さん、佐藤花南さん、笹岡聖理花さん、高橋あおいさん
そして最後にいつもながらお世話になっている遠見書房の山内俊介さんのお陰で、この本が世に出ることができます。
皆様ありがとうございました！

二〇二一年　コロナ禍真っ最中の夏

相場幸子

著者略歴

相場幸子（あいばさちこ）

臨床心理士，相談室「みみずく」主宰・カウンセラー，北海道解決のための面接研究会代表，北星学園大学名誉教授。

早稲田大学文学部哲学科心理専修卒。札幌家庭裁判所調査官，米国カリフォルニア大学人間発達研究所研究助手，札幌市児童相談センター相談員等を経て北星学園大学文学部，社会福祉学部で教鞭をとり2003年退職。1975から2007年まで，北海道クリスチャンセンター家庭福祉相談室（ヴォランティア・スタッフおよびスーパーヴァイザー）。

1998年，母子相談室「みみずく」開設

著書（共著）：「みんな元気になる 対人援助のための面接法―解決志向アプローチへの招待」（相場幸子・龍島秀広編，2006，金剛出版），「読んでわかる やって身につく 解決志向リハーサルブック―面接と対人援助の技術・基礎から上級まで」（龍島秀広・阿部幸弘・相場幸子編・解決のための面接研究会著，2017，遠見書房）

ママたちの本音とグループによる子育て支援

――「子どもがカワイイと思えない」と言える場をつくる

2021年11月1日　第1刷

著　者　相場幸子《あいばさちこ》

発行人　山内俊介

発行所　遠見書房

tomi shobo 遠見書房

〒181-0002 東京都三鷹市牟礼6-24-12

三鷹ナショナルコート004

TEL 0422-26-6711　FAX 050-3488-3894

tomi@tomishobo.com　https://tomishobo.com

遠見書房の書店　https://tomishobo.stores.jp

ISBN978-4-86616-134-1　C0011